La antigua Persia

Una apasionante visión del Imperio persa aqueménida

© Copyright 2022

Todos los derechos reservados. Ninguna parte de este libro puede ser reproducida de ninguna forma sin el permiso escrito del autor. Los revisores pueden citar breves pasajes en las reseñas.

Descargo de responsabilidad: Ninguna parte de esta publicación puede ser reproducida o transmitida de ninguna forma o por ningún medio, mecánico o electrónico, incluyendo fotocopias o grabaciones, o por ningún sistema de almacenamiento y recuperación de información, o transmitida por correo electrónico sin permiso escrito del editor.

Si bien se ha hecho todo lo posible por verificar la información proporcionada en esta publicación, ni el autor ni el editor asumen responsabilidad alguna por los errores, omisiones o interpretaciones contrarias al tema aquí tratado.

Este libro es solo para fines de entretenimiento. Las opiniones expresadas son únicamente las del autor y no deben tomarse como instrucciones u órdenes de expertos. El lector es responsable de sus propias acciones.

La adhesión a todas las leyes y regulaciones aplicables, incluyendo las leyes internacionales, federales, estatales y locales que rigen la concesión de licencias profesionales, las prácticas comerciales, la publicidad y todos los demás aspectos de la realización de negocios en los EE. UU., Canadá, Reino Unido o cualquier otra jurisdicción es responsabilidad exclusiva del comprador o del lector.

Ni el autor ni el editor asumen responsabilidad alguna en nombre del comprador o lector de estos materiales. Cualquier desaire percibido de cualquier individuo u organización es puramente involuntario.

Índice

INTRODUCCIÓN 1
PRIMERA PARTE: LA CONSTRUCCIÓN DE UN IMPERIO 5
   CAPÍTULO 1: LOS ORÍGENES DE LOS PERSAS 6
   CAPÍTULO 2: PERSAS Y MEDOS 18
   CAPÍTULO 3: CIRO EL GRANDE 31
   CAPÍTULO 4: CONQUISTA DE EGIPTO Y ESCITIA 43
SEGUNDA PARTE: LAS GUERRAS GRECO-PERSAS 56
   CAPÍTULO 5: LA REVUELTA JÓNICA 57
   CAPÍTULO 6: LA PRIMERA CAMPAÑA CONTRA GRECIA 67
   CAPÍTULO 7: LA CAMPAÑA DE JERJES I 78
   CAPÍTULO 8: LAS CONSECUENCIAS Y LA PAZ DE CALIAS 90
TERCERA PARTE: DE JERJES II A DARIO III 100
   CAPÍTULO 9: ARTAJERJES I Y DARÍO II 101
   CAPÍTULO 10: ARTAJERJES II 112
   CAPÍTULO 11: ARTAJERJES III Y LA SEGUNDA CONQUISTA DE EGIPTO 123
   CAPÍTULO 12: DARÍO III Y ALEJANDRO MAGNO 133

CUARTA PARTE: SOCIEDAD, CULTURA Y GOBIERNO DE LA ANTIGUA PERSIA 145
    CAPÍTULO 13: ARTE, CULTURA Y RELIGIÓN 146
    CAPÍTULO 14: TÁCTICAS MILITARES 160
    CAPÍTULO 15: GOBIERNO Y ECONOMÍA 170
CONCLUSIÓN 182
VEA MÁS LIBROS ESCRITOS POR ENTHRALLING HISTORY 186
BIBLIOGRAFÍA 187

Introducción

Las dos princesas persas, esposas de Alejandro Magno, se aferraron la una a la otra. Parisátide era hija del rey Artajerjes III, que fue envenenado por su visir Bagoas, quien acabó con la mayoría de los varones reales de Persia. Estatira era la hija de Darío III, el último monarca de la dinastía aqueménida, que fue asesinado por sus hombres después de que Alejandro conquistara el Imperio persa. Poco después de casar a ambas princesas el mismo día, Alejandro murió repentinamente, dejando a las mujeres como viudas y al Imperio persa sumido en el caos.

—¡Estatira! ¿Qué será de nosotras?

Roxana entró en la habitación, frotándose ufanamente el vientre hinchado, seguida por el general Pérdicas, comandante supremo del ejército imperial. Roxana era la primera esposa de Alejandro, hija de un jefe bactriano.

—No hay de qué preocuparse, queridas. Pérdicas quería informaros de la decisión del consejo sobre los sucesores de nuestro marido.

El general Pérdicas se aclaró la garganta:

—Los generales decidieron que el hermano de Alejandro, Arrideo, y el hijo de Roxana serán reyes conjuntos.

—¡Pero Arrideo no tiene el intelecto para gobernar! ¿Y cómo sabemos que Roxana tendrá un hijo? —Estatira frunció el ceño.

—El consejo me nombró regente del hijo de Roxana y Arrideo. Si el bebé es una niña, el consejo volverá a reunirse —dijo Pérdicas sonriendo.

Roxana había estado sirviendo vino en copas.

—Ahora, brindemos por nuestro querido esposo fallecido y por el futuro del imperio.

Estatira y Parisátide se miraron. El vino debía ser seguro si Roxana y Pérdicas estaban bebiendo de la misma botella. Minutos después, se dieron cuenta de su fatal error. Roxana sonrió y salió de la habitación con Pérdicas mientras las mujeres persas daban sus últimos suspiros.

Así terminó el Imperio persa aqueménida. ¿Pero cómo empezó? ¿Y cómo llegó a este punto?

El Imperio aqueménida fue el primer megaimperio del mundo, abarcando tres continentes y más de dos millones de kilómetros cuadrados en su apogeo. Desencadenó el terror de sus grandes rivales, los griegos, pero estos no pudieron evitar quedar hipnotizados por la fascinante cultura de los persas. El legado del Imperio persa, que se extendió desde el sureste de Asia hasta el este de Europa y el norte de África, afectó a tres continentes distintos durante dos milenios.

¿Por qué se llama Imperio aqueménida? Lleva el nombre de Aquémenes, del que no sabemos nada, salvo que fue un líder tribal persa del siglo VII u VIII y supuestamente el antepasado de Ciro el Grande y Darío I. Su verdadero nombre era Hakamanish («mente amiga»), que era Aquémenes en griego. Debido a que los reyes del imperio eran persas, también se lo suele llamar Imperio persa. Sin embargo, el nombre de Imperio aqueménida describe un marco temporal específico del gobierno persa, diferenciándolo de las dinastías seléucida, parta y sasánida que le siguieron.

Persia se convirtió en un imperio en el año 550 a. C. bajo el mando de Ciro el Grande, y llegó a gobernar el 44% de la población mundial bajo el mando de Darío el Grande. El mundo nunca había visto un imperio de este tamaño. El núcleo del imperio, un conglomerado de naciones y etnias, era la tierra de Persia (Parsa o Persis), que equivale aproximadamente a la actual provincia de Fars, en el suroeste de Irán, en el lado oriental del golfo Pérsico.

¿En qué se diferencia este libro de otros sobre la antigua Persia? Existen muchos libros excelentes sobre el Imperio aqueménida; sin embargo, la mayoría son demasiado académicos para un público general o solo cubren ciertos aspectos de la civilización. Esta historia tiene un amplio alcance y permite comprender en profundidad cómo los persas cambiaron el mundo. Con una investigación meticulosa, pero de fácil lectura, se da vida a los extraordinarios persas.

Investigar el Imperio aqueménida es complicado. Pocos registros persas sobrevivieron al caos que siguió a la caída del imperio, y las recurrentes convulsiones en Oriente Medio han interrumpido las exploraciones arqueológicas. Los museos de todo el mundo tienen almacenes llenos de documentos y artefactos persas que aún no han sido analizados. Dependemos principalmente de lo que los historiadores griegos escribieron sobre los persas, pero griegos y persas estaban a menudo en guerra entre sí. Ya es bastante difícil para cualquier historiador ser objetivo, pero cuando se escribe sobre la némesis de uno, ese reto es casi insuperable.

Los judíos deportados a Babilonia proporcionaron relatos más halagüeños de sus nuevos gobernantes y emancipadores persas. Ciro les permitió regresar a su patria y financió la reconstrucción del templo de Jerusalén. Registraron sus interacciones con los reyes persas en el Tanaj (Antiguo Testamento) y en la historia de Flavio Josefo. Este libro se esfuerza por encontrar un punto intermedio, proporcionando fuentes griegas, judías y de otro tipo, con el recordatorio de que los relatos suelen ser sesgados y que algunos historiadores escribieron siglos después de que ocurrieran los hechos.

¿Cuáles son los beneficios de aprender historia? Las historias antiguas suelen ser fascinantes, y los persas tenían ciertamente pocos momentos aburridos. Su lujoso estilo de vida, sus intrigas palaciegas y sus asombrosas conquistas le harán seguir pasando páginas. Pero la historia tiene que ver con la transformación. Aprendemos sobre los catalizadores de la transformación a medida que descubrimos cómo evolucionaron y crecieron otras civilizaciones. Además, los factores que condujeron al colapso de una civilización son un ejemplo de lo que no se debe hacer.

Explorar el ascenso sin precedentes del Imperio persa y su catastrófica caída es un análisis del cambio. ¿Qué factores llevaron a Ciro a conquistar todo Oriente Medio? ¿Qué impulsó a sus sucesores a extender el imperio por África y Europa? ¿Cómo cambiaron repentinamente las tornas después de haber mantenido un control sobre los griegos durante más de un siglo? Entender la metamorfosis de Persia nos ayuda a reconocer cómo las transformaciones culturales, económicas y políticas pueden ocurrir en nuestro propio entorno. Retrocedamos en el tiempo para conocer el impacto de los persas en la historia del mundo y las lecciones que podemos extraer de su impresionante imperio.

PRIMERA PARTE: LA CONSTRUCCIÓN DE UN IMPERIO

Capítulo 1:
Los orígenes de los persas

Antes de que el asombroso Imperio aqueménida irrumpiera en la escena mundial, los clanes persas se asentaron en el sur de Irán, en las escarpadas estribaciones que conducen a los picos nevados de los montes Zagros. Los desiertos de sal de Kavir y Lut, prácticamente inhabitables, se encontraban al noreste y al este. La vida era un reto en la escarpada meseta iraní, pero como dijo una vez Ciro el Grande: «La tierra blanda engendra gente blanda». ¿De dónde venían los persas antes de establecerse en Irán? ¿Qué los llevó a su nueva patria?

En la Edad de Bronce (3300-1200 a. C.), los pueblos que hablaban variantes de la lengua protoindoiraní vivían principalmente en lo que hoy es Turkmenistán, Afganistán y Uzbekistán. Algunas tribus indoiranias se extendían hasta el este de la provincia china de Xinjiang y hasta el sur del subcontinente indio. Estos pueblos se llamaban a sí mismos arios, que significa «noble» o «libre». El nombre Irán (ایران) significa «la tierra de los arios».

Un movimiento masivo de estas tribus iraníes, llamado migración aria, se dividió en tres grupos a finales del segundo milenio a. C. Un grupo permaneció en el centro de la región aria o emigró ligeramente hacia el sur, siguiendo el río Oxus (Amu Darya). Formaron las tribus bactrianas y sogdianas al norte de las montañas del Hindu Kush, en los actuales Tayikistán, Uzbekistán,

Afganistán, Kazajistán y Kirguistán. El segundo grupo, los arianos, drangianos y arachosianos, se dirigió al sur, a la franja de llanuras situada entre las montañas de Irán y Afganistán.

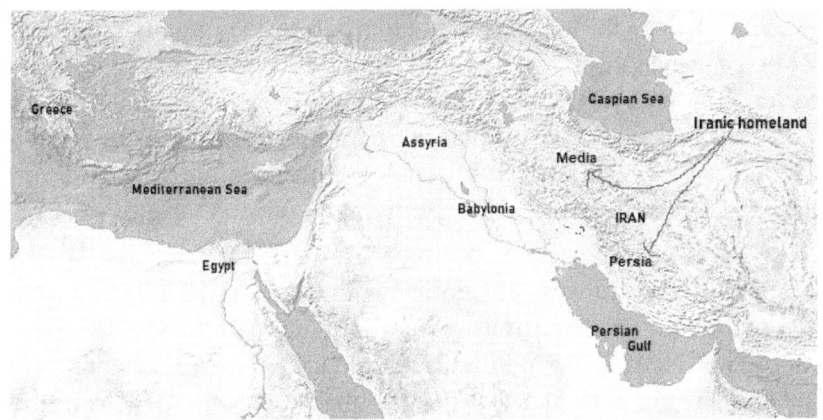

Las tribus indoiranias emigraron desde Asia Central hasta el actual Irán
Foto modificada: ampliada, con etiquetas añadidas. Crédito: Natural Earth, CC BY-SA 4.0 <https://creativecommons.org/licenses/by-sa/4.0>, vía Wikimedia Commons; https://commons.wikimedia.org/wiki/File:Colorful_shaded_map_of_Middle_East.jpg

La tercera oleada de pueblos de habla indoiraní llegó a la meseta iraní en dos movimientos. El primero en llegar, en torno al 1100 a. C., emigró al norte de Irán y acabó formando el reino medo. Un poco más tarde, los antepasados de los persas, que hablaban una lengua conocida como persa antiguo, se asentaron en el suroeste de Irán.

¿Qué provocó esta migración desde el noreste? Se desconoce el motivo por el que abandonaron Asia Central, pero es probable que se debiera al sobrepastoreo o a que fueron expulsados por tribus más poderosas. Los primeros persas y medos crecieron durante el vacío de poder causado por el declive de los reinos elamita, asirio y babilónico. ¿Quién estaba en Irán antes de los medos y los persas? ¿Y qué ocurrió cuando los persas se instalaron en el país? La población de la Edad de Bronce de Irán incluía a los guti, hurritas y otros, pero los antiguos elamitas dominaban. Los elamitas desarrollaron una sofisticada cultura con escritura cuneiforme y la rueda en el tercer milenio a. C., centrada en las actuales provincias de Khuzestan y Fars, en el suroeste de Irán. Controlaron esta tierra durante los dos milenios siguientes, aunque a veces sirvieron de vasallos a los acadios, asirios y babilonios y a menudo entraron en conflicto con estas civilizaciones.

Los persas empezaron a emigrar al sur de Irán hacia el año 1000 a. C. y, en doscientos años, se hicieron con un territorio pacífico en la actual provincia de Fars (conocida entonces como Parsua, Parsa o Persis). Vivían entre los elamitas bajo dominio asirio. Los persas no tenían lengua escrita, así que adoptaron la escritura elamita para escribir e incluso hablaban elamita para los asuntos administrativos. Al mezclarse y casarse, los persas adquirieron otras costumbres elamitas, como sus estilos de vestimenta y obras de arte.

Los persas convivieron con los elamitas durante cuatro siglos sin que se conozca ningún antagonismo entre ambas etnias. La única excepción son los escritos asirios que mencionan incursiones persas contra los elamitas a mediados del siglo VII a. C. Fue entonces cuando la mayoría de los persas abandonaron sus costumbres nómadas y se asentaron en aldeas y ciudades. El cambio de estilo de vida precipitó más fricciones internas dentro de los clanes persas y más conflictos con sus vecinos.

La primera mención escrita de los persas en Irán fue una inscripción en el Obelisco negro. El rey asirio Salmanasar III habló de recibir tributos de veintisiete «reyes» persas (probablemente jefes de clanes) en el año 836 a. C.:

«En mi vigésimo cuarto año de gobierno, yo [Salmanasar III] crucé el río Zab inferior, atravesé el monte Hashimur y bajé a la tierra de Namri. Ianzu, rey de la tierra de Namri, se asustó ante mis poderosas armas y huyó para salvar su vida. Capturé sus ciudades fortificadas. Los masacré, los saqueé, arrasé, destruí y quemé estas ciudades. Los supervivientes huyeron a una montaña. Asedié la cima de la montaña, la capturé, los masacré, los saqueé y derribé sus bienes. Partiendo de la tierra Namri, recibí el tributo de veintisiete reyes de la tierra de Parsua. Bajé a las tierras de Messu, Media, Araziash y Harhar y capturé las ciudades»[1].

---

[1] A. K. Grayson, *Assyrian Rulers of the Early First Millennium BC II (858-745 BC) (Royal Inscriptions of Mesopotamia. Assyrian Periods. Volume 3)* (Toronto: University of Toronto Press, 1996), 67-8.

El Obelisco negro muestra a gente llevando tributo a Salmanasar III
https://commons.wikimedia.org/wiki/File:A_Short_History_of_the_World,_p0139.jpg

Nótese que los asirios también capturaron ciudades medas en esta campaña. Varias décadas después, una inscripción del rey asirio Adad-Nirari III mostraba que los persas seguían pagando tributo a los asirios. La tierra de Namri que aparece en esta inscripción es probablemente territorio casita; los casitas gobernaron Babilonia durante cuatro siglos, pero luego cayeron en manos de arameos, caldeos y asirios[2].

El corazón asirio estaba al norte, en el lado occidental de los montes Zagros. Sin embargo, los asirios codiciaban los caballos de los persas, además del hierro y otros metales extraídos de las montañas. La carretera de Jorasán pasaba por la región, una ruta comercial clave desde el oeste hasta Asia Central. Los acadios, asirios y babilonios habían invadido repetidamente Irán, dominando las rutas comerciales y exigiendo tributos de caballos, camellos, ovejas, bronce, cobre, oro, plata, lino, lana, vino y minerales.

A veces, las tornas cambiaban y los elamitas, casitas, guti y otras tribus cruzaban los montes Zagros y asaltaban la fértil «tierra entre los ríos». Asaltaron Sumer, Acad, Babilonia y Asiria para obtener el grano que producía Mesopotamia y la gran riqueza que los constructores del imperio occidental habían acumulado en otras tierras. En raras ocasiones, como en el caso de los casitas de

---

[2] J. E. Reade, "Kassites and Assyrians in Iran", *Iran* 16 (1978): 137.
https://www.jstor.org/stable/4299653?origin=crossref

Babilonia, se establecieron y gobernaron.

La nueva tecnología de guerra de asedio de los neoasirios incluía arietes con cabeza metálica y máquinas lanzadoras de fuego. Anteriormente, cuando los asirios invadían Irán, lo hacían para asaltar, saquear y recaudar tributos. Tiglat-Pileser III (r. 745-727 a. C.) adoptó un enfoque diferente: la reubicación de la población. Los territorios problemáticos que no pagaban regularmente sus tributos o, peor aún, intentaban luchar contra los asirios, eran deportados.

La población exiliada sería esclavizada o reubicada en otra región lejana. Tiglat-Pileser trasladó a sesenta y cinco mil medos del noroeste de Irán a Fenicia y Siria, en la costa mediterránea, y llevó a los fenicios y sirios a vivir a Irán. Las ciudades que no se resistieron se convirtieron en provincias tributarias del Imperio asirio. Tiglat-Pileser no deportó a los persas, pero les cortó el pulgar derecho. No podían lanzar una jabalina ni blandir sus cimitarras (espadas curvas), pero podían seguir trabajando y pagando tributo a Asiria.

Un antiguo mito iraní refleja las atrocidades y la opresión de esta época. Recuerda una época dichosa de la historia lejana, en la que los animales y las personas coexistían pacíficamente, de cuando los humanos desarrollaron la música, la danza, la pintura y la poesía. La enfermedad y la muerte eran desconocidas, y Yima (Jamshid) el Radiante los gobernaba. Sin embargo, Yima se volvió orgulloso, olvidando que sus bendiciones provenían de su dios creador, Ahura-Mazda. Aunque se arrepintió, esto permitió a Azhi Dahaka, la serpiente, derrocar y matar a Yima. Dahaka se hizo entonces con el control del mundo, dando paso al caos, la sequía, la enfermedad y la muerte. Para los iraníes, los asirios eran la personificación de Azhi Dahaka.

Los iraníes representaban a Dahaka (Zahhak) con serpientes saliendo de sus hombros
https://en.wikipedia.org/wiki/Zahhak#/media/File:Mir_Musavvir_002_(Zahhak).jpg

Uno de los medos que los asirios deportaron a Hamath en Siria se llamaba Daiukku en asirio, Dahyuka en persa antiguo y Deyoces en griego. El historiador griego Heródoto lo identificó como el fundador del reino medo del que descendía la madre de Ciro el Grande. Las *Historias* de Heródoto aportan información valiosa sobre el Imperio aqueménida, aunque a veces sea sesgada o dudosa.

Heródoto creció en la colonia griega costera de Halicarnaso, en la actual Turquía occidental, que cayó bajo control persa, lo que hizo que Heródoto y su familia formaran parte del Imperio aqueménida en contra de su voluntad. Su familia se unió a los rebeldes que intentaron sin éxito derrocar el dominio persa. Repasaremos su versión de los hechos a lo largo de este libro, pero recordemos que los persas, o «bárbaros» como él los llamaba, eran sus enemigos.

En el año 691 a. C., el rey asirio Senaquerib registró que decenas de miles de persas se unieron a un ejército de coalición con los arameos, babilonios, caldeos y elamitas, dirigido por el rey elamita Humbanumena. Esta alianza puede haber sido la única vez que los persas lucharon contra los asirios; estos guerreros persas eran los hijos de los hombres a los que se les había cortado el pulgar. A pesar de su gran número, la coalición no pudo imponerse a los feroces asirios en la batalla final a orillas del río Tigris. Según el relato de Senaquerib, los aterrorizados persas y sus aliados perdieron el control de sus entrañas y huyeron.

Décadas más tarde, los asirios dirigidos por el rey Asurbanipal destrozaron la antigua capital elamita de Susa, lo que hizo que el rey persa Kurash entrara en pánico, por si le ocurría lo mismo a su reino. Kurash era el nombre asirio de Ciro; probablemente era Ciro I, el abuelo de Ciro el Grande. Kurash no tardó en pedir la paz con Asiria, e incluso envió a su hijo mayor como rehén, tal y como registró el rey asirio.

«Después de que las armas victoriosas de Asur vencieran y destruyeran a todo Elam, el miedo se apoderó de las naciones de alrededor. El temor a mi soberanía los abrumó, y enviaron a sus mensajeros para ganarse la amistad y la paz con costosos regalos. Preguntaron por el bienestar de mi majestad; besaron mis pies y buscaron mi dominio. Cuando Kurash, el rey de Parsumash, se enteró de la poderosa victoria que yo había infligido a Elam con la ayuda de los grandes dioses Ashur, Bel y Nabu, y de que había arrollado a todo Elam como una inundación, envió a Arukku, su hijo mayor, junto con su tributo, como rehén a Nínive, mi ciudad señorial, e imploró mi señorío»[3].

En la antigua Grecia, Macedonia y Oriente Medio, los reyes dominantes solían retener a los hijos reales de sus reinos vasallos como rehenes. La mayoría de los reyes vasallos no se atrevían a omitir el pago de tributos o a desafiar a sus señores, ya que temían que su hijo sufriera algún daño. Al entregar a su príncipe heredero a

---

[3] Amélie Kuhrt, *The Persian Empire: A Corpus of Sources from the Achaemenid Period* (London: Routledge, 2007), 53-4.

Asurbanipal, Kurash dio muestras de su permanente sumisión. Los niños retenidos como rehenes solían crecer en el palacio del rey dominante o en la casa de un noble, aprendiendo el idioma y desarrollando amistades con la familia real. Al final de la adolescencia o al principio de la edad adulta, regresaban a su tierra natal para convertirse en el siguiente rey o asumir cargos eminentes.

En ocasiones, esta costumbre se volvía en contra del reino que tenía a los hijos reales como cautivos. Al crecer en el palacio del reino rival o con un noble clave, un príncipe adquiría una valiosa información interna que podía utilizar contra ellos cuando volviera a su tierra natal. Esto es precisamente lo que ocurrió en Macedonia, y una serie de acontecimientos condujeron finalmente a la caída del Imperio persa. Filipo II, el padre de Alejandro Magno, fue llevado como rehén a Tebas a la edad de trece años. En aquella época, Tebas era la potencia más fuerte de Grecia y tenía a Macedonia bajo su control. El principal general de Tebas, Pelópidas, convirtió a Filipo en su erómeno (pareja sexual más joven), y su íntimo amigo Epaminondas entrenó a Filipo en las indomables artes militares de Tebas.

Más tarde, Filipo utilizó su astuto conocimiento de las tácticas tebanas, en especial la innovadora formación de falange tebana, cuando ascendió al trono del conflictivo reino macedonio. Su formación en el mundo militar sin rival le permitió derrotar las amenazas de su reino y finalmente conquistar Tebas y el resto de Grecia. Entrenó a su hijo Alejandro en estas tácticas militares, lo que permitió a Alejandro Magno conquistar Persia.

En el siglo VII a. C., la continua animosidad entre Asiria y Elam resultó mortal para los elamitas. Los asirios no se limitaron a conquistar ciudades, sino que las arrasaron, masacraron a grandes segmentos de la población y aplicaron espantosos métodos de tortura para aterrorizar a los reinos y someterlos. Sus macabras inscripciones celebraban la horrible agonía humana que infligían. Se jactaban de desollar a los guerreros, empalar a otros y dejar pirámides con las cabezas de sus víctimas. Esclavizaban a los adultos sanos y construían piras para quemar a sus hijos. En el 646 a. C., Asurbanipal marchó sobre Elam y demolió Susa y otras veintiocho ciudades elamitas, diezmando a la población.

Asurbanipal humilló al rey elamita, obligándolo a servirle comida
Carole Raddato de FRANKFURT, Alemania, CC BY-SA 2.0 <
https://creativecommons.org/licenses/by-sa/2.0/ >, vía Wikimedia Commons;
https://commons.wikimedia.org/wiki/File:Humiliation_of_the_Elamite_King_at_the_court
_of_Ashurbanipal.jpg

 Mientras tanto, los vecinos persas de Elam se cuidaron de mantener la paz con Asiria y no corrieron la misma suerte. Cuando los asirios cruzaban las montañas y se dirigían a territorio persa, los persas solían ofrecer caballos y a veces a sus hijos reales para apaciguar a los invasores. Otras veces, abandonaban sus ciudades, llevando los objetos de valor que podían, y se refugiaban en los montes Zagros hasta que pasaba el peligro. Mientras que los asirios infligían enormes bajas a los elamitas, la pragmática negativa de los persas a entrar en combate les permitió sobrevivir e incluso prosperar. Poco a poco, los persas crecieron en número y fuerza, desplazándose a las ciudades y regiones abandonadas que antes habitaban los elamitas.

 Según el Rig Veda indio y las tradiciones orales zoroastrianas, los primeros persas eran excepcionales jinetes y pastores. Valoraban mucho los caballos por varios motivos; por ejemplo, los persas eran conocidos por sus habilidades a caballo y sus temibles carros de guerra. Pero también consideraban a sus caballos como el animal de sacrificio por excelencia. Los persas los sacrificaban no solo a sus dioses, sino también a los antepasados de sus grandes jefes.

Los sacerdotes-jefes dirigían a los primeros persas, gobernando los asuntos administrativos y dirigiendo a la comunidad en el culto. Cuando los persas llegaron a Irán, se asentaron en la periferia de las comunidades elamitas. Los persas eran un grupo relativamente pacífico que solía convivir amistosamente con sus vecinos elamitas. Sin embargo, podían luchar ferozmente si surgía la necesidad. Se dieron cuenta de que la guerra solía traer más problemas de los que resolvía, por lo que prefirieron negociar la paz en lugar de precipitarse al combate con los asirios y otras grandes potencias.

Las negociaciones pacíficas se volvieron cada vez menos factibles a medida que aumentaba la competencia por los pastizales iraníes que rodeaban los oasis y los arroyos. De ahí que apareciera una clase guerrera que también asumió un papel administrativo. Al principio, sus fuerzas armadas servían como mercenarios a sus vecinos casitas y elamitas, pero finalmente formaron su propio ejército entrenado. Los persas y otros iraníes eran maestros en el manejo de carros y desarrollaron el carro con ruedas de radios hacia el año 2000 a. C., que aumentaba radicalmente la velocidad del carro en comparación con las antiguas ruedas de madera maciza. El desarrollo de la broca de bronce permitió a los persas adquirir una destreza sin parangón en la equitación y organizar una formidable caballería. Luchaban con armas de bronce y, más tarde, con espadas, lanzas y armaduras de hierro, una vez que se desarrolló la tecnología para fundir el hierro.

Los sacerdotes siguieron siendo una fuerza influyente en la sociedad persa. Incluso antes de emigrar a Irán, los persas adoraban el sol, la luna y el cielo; como habitantes de tiendas de campaña en sus primeros tiempos, percibían el cielo como una inmensa tienda celestial. También adoraban al dios védico Mithra (dios hindú Mitra), dios de la alianza y la luz y guardián del ganado. Influidos por los persas, los romanos adoptaron posteriormente el culto a Mitra en su religión mistérica, el mitraísmo. La religión védica, antecesora del hinduismo, influyó mucho en los persas. Más tarde, algunas de las deidades védicas se convirtieron en yazatas o deidades menores en la religión zoroastriana.

El Mithra védico era un importante dios de los primeros persas
https://commons.wikimedia.org/wiki/File:Figure_of_Persian_god_Mithras,_National_Academy_of_Sciences,_Washington,_D.C_LCCN2011631968.tif

Cuando los pastores nómadas persas se asentaron, algunos se dedicaron a la agricultura, abandonando sus tiendas por casas de caña o de ladrillo cocido. A diferencia de Egipto y el sur de Mesopotamia, que dependían de la irrigación de sus grandes sistemas fluviales para mantener la agricultura, Persia solía tener suficiente lluvia para cultivar. El estilo de vida cada vez más sedentario y el crecimiento de las aldeas, los pueblos y las ciudades dieron lugar a administraciones tribales más organizadas. Se formaron ciudades-estado, con poderosos jefes de clan y eventualmente reyes que gobernaban amplias franjas de territorio. Otros persas continuaron como pastores nómadas. Hoy en día hay más de un millón de pastores nómadas en Irán, como las tribus bajtiarí y kashgai. Los nómadas crearon una relación mutuamente beneficiosa con sus parientes sedentarios, intercambiando ganado, caballos y queso por grano, fruta y cerámica.

El cambio de un estilo de vida nómada a uno urbano provocó enfrentamientos y luchas de poder, ya que las ciudades-estado se disputaban las tierras agrícolas y el dominio de las ciudades circundantes. Aunque los persas compartían una etnia, una lengua y una cultura comunes, nunca se unieron como un solo reino hasta mucho después, cuando Ciro el Grande subió al poder. En su lugar, Persia sufrió una época de caos mientras los jefes luchaban contra sus rivales por el derecho divino a gobernar, que creían que procedía de Verethragna, dios de la guerra indoiraní. Verethragna sigue siendo adorado hoy en día en el hinduismo como el dios védico Indra y en el zoroastrismo como Bahram, un Amesha Spenta, una de las siete deidades bajo su dios principal Ahura Mazda.

Mientras los persas crecían en fuerza y número en el sur de Irán, sus parientes lejanos, los medos en el norte, también prosperaban, especialmente una vez que el Imperio asirio se deshizo. Aunque los persas y los medos compartían la religión védica y el grupo lingüístico indoiraní, tuvieron poca interacción en sus primeros siglos en Irán. Pero a medida que cada uno crecía en poder, el choque era inevitable. ¿Cuál de los dos se impondría sobre el otro?

Capítulo 2: Persas y medos

Una lágrima resbaló por la mejilla de Kyno mientras ordeñaba las vacas. Sus propios pechos estaban llenos y doloridos, pero su hijo había nacido muerto. ¿Podría tener algún día un bebé en su pecho? En ese momento, oyó el gemido de un bebé y se giró. Allí estaba su marido Mitrídates, con un bebé envuelto en pañales. Le quitó el niño de los brazos y se lo puso al pecho, donde mamó vorazmente.

—¿Quién es? ¿De dónde viene? —preguntó Kyno mientras acariciaba la cara del niño.

—No puedo decírtelo. Pero ahora es tuyo —respondió Mitrídates—. Solo no le digas a nadie que nuestro propio bebé murió, y asegúrate de que todos piensen que este niño es nuestro verdadero hijo.

Y así, según Heródoto, el hijo del rey persa creció como hijo de un pastor de vacas a la sombra del palacio del rey medo. Un día, este niño gobernaría sobre tres continentes como Ciro el Grande, rey del Imperio aqueménida.

Nuestra información sobre los medos procede de múltiples fuentes. En sus inscripciones, los asirios mencionaban con frecuencia a los medos, que vivían en su frontera oriental. El historiador babilónico del siglo IV, Beroso, escribió sobre los medos, que fueron aliados de Babilonia en un tiempo y más tarde conquistadores de Babilonia en alianza con los persas. Ctesias, médico e historiador griego del siglo V que vivió en el Imperio aqueménida, escribió *Persica*: su historia de Babilonia, Asiria,

Media y Persia.

El griego Jenofonte, del siglo IV, luchó como mercenario para los persas. Escribió sobre sus aventuras luchando con los persas y una biografía de Ciro el Grande, retratando a los persas de forma mucho más positiva que Heródoto. Sin embargo, la descripción de Jenofonte de los medos como decadentes, ricos y despóticos se contradice con el Tanaj hebreo, que dice que los medos «no tienen consideración por la plata y no desean el oro»[4].

Este bajorrelieve de Persépolis muestra a los persas con vestidos hasta los tobillos y sandalias, alternando con los medos que llevan túnicas cortas y botas hasta la rodilla

Aneta Ribarska, CC BY-SA 3.0 <https://creativecommons.org/licenses/by-sa/3.0>, vía Wikimedia Commons https://commons.wikimedia.org/wiki/File:Persepolis_carvings.JPG

A partir del rey asirio Tiglat-Pileser (r. 745-727 a. C.), las tierras medas occidentales limítrofes con Asiria quedaron bajo control asirio, pero los medos orientales fueron ferozmente independientes. Tiglat-Pileser se anexionó Persia en el 744 a. C. y recibió tributos de mulas, caballos, camellos bactrianos, ovejas y ganado de los medos y persas. En el 737 a. C., Tiglat-Pileser registró la obtención de más de 1.700 caballos de las ciudades

---

[4] Isaías 13:17, Tanaj: Navi: Libro de Yeshayahu, Biblioteca Virtual Judía: Un proyecto de AICE. 1997. https://www.jewishvirtuallibrary.org/the-tanakh-full-text.

medas.

Según Heródoto, Deyoces (Dahyuka) fue el primer *shah* (rey) y sacerdote de los medos. Aunque en un principio era un modesto juez de pueblo, su reputación de sabio e imparcial atrajo a otros medos a consultarle, hasta que llegó a ser juez de toda la población meda. Unió a los medos bajo un solo gobierno y construyó su capital de Ecbatana (que se cree que es el yacimiento arqueológico de Hagmatāna). Según Heródoto, los medos no tenían acceso directo a su rey, sino que debían comunicarse con él a través de mensajeros. El rey asirio Sargón II (r. 722-705 a. C.) se sintió amenazado por las acciones de Deyoces de unificar a los medos y a las tribus armenias del norte de Urartia, por lo que apresó a Deyoces y lo exilió a Siria.

Mientras tanto, los clanes de Persia se unieron bajo el liderazgo de un rey, Teispes (Caispis), bisabuelo de Ciro el Grande. Darío el Grande dijo que Teispes era hijo de Aquémenes (de quien procede el nombre aqueménida). Darío afirmó que también descendía de Teispes, pero de una rama familiar diferente. Estos primeros reyes persas gobernaron desde la antigua ciudad de Anshan, que Teispes se apropió de los elamitas, cuyo propio reino se había debilitado y fragmentado tras los continuos conflictos con Asiria.

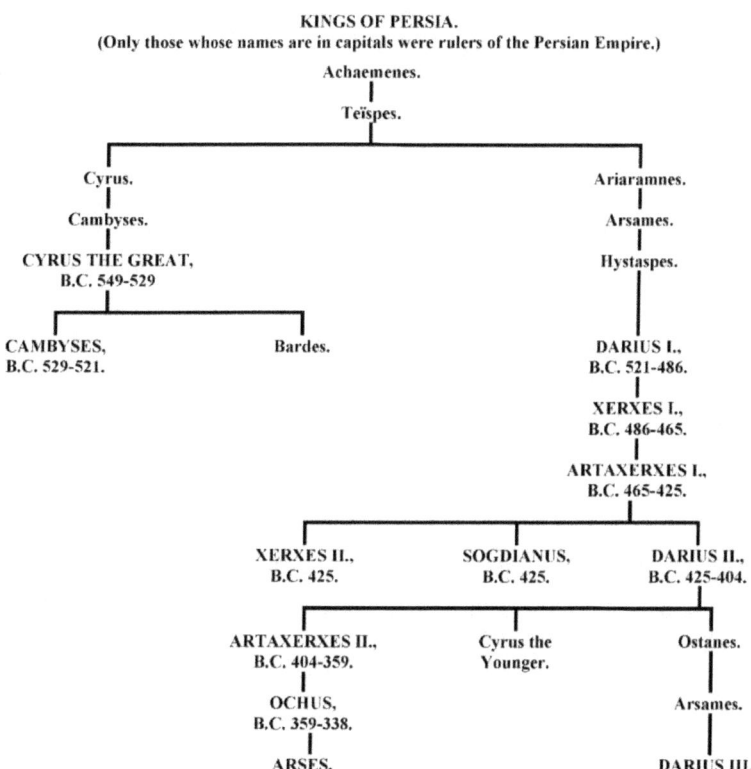

Autor: Sir Charles William Chadwick Oman, 1860-1946

https://commons.wikimedia.org/wiki/File:Kings_of_the_Achaemenid_Empire.jpg

En el año 676 a. C., el rey asirio Asarhaddón recibió en su capital de Nínive a los embajadores de los «medos lejanos». Estos medos vivían en el lejano oriente, junto al Gran desierto Salado, y deseaban la ayuda del rey asirio contra otras tribus que los acosaban. Los medos besaron los pies de Asarhaddón y le trajeron bloques de piedra semipreciosa de lapislázuli y caballos de guerra selectos. Asarhaddón aplastó a los enemigos de los medos, marchando más al este de lo que los asirios se habían aventurado nunca. Deportó a su población a Asiria y acumuló un botín de camellos, ganado y caballos.

Según Heródoto, el hijo de Deyoces, Fraortes, luchó contra los persas y los sometió a su control. Fraortes comenzó a conquistar sistemáticamente otros grupos tribales hasta que cometió el error de atacar a los asirios, que lo mataron. Su hijo, Ciáxares el Grande (r. 625-585 a. C.), organizó el ejército medo en regimientos de caballería, arqueros y lanceros. Tras combatir y someter a los lidios en Asia Menor, llegó el momento de vengar la muerte de su padre.

Mientras Ciáxares asediaba con éxito la capital asiria de Nínive, el rey escita Madyes atacó de repente su retaguardia, aparentemente de la nada. Los escitas también eran nómadas arios, procedentes en su mayoría de la actual Ucrania, al norte del mar Negro. Los escitas hablaban una variante de la lengua iraní y seguían la religión védica. Expulsados de su tierra por sus parientes sacas, los escitas se apoderaron del territorio cimerio, obligándolos a abandonar las estepas del norte del mar Caspio y del mar Negro.

Los nobles cimerios, también indoiranios, no soportaron abandonar su tierra natal, por lo que se mataron entre ellos en un pacto de suicidio masivo. Los plebeyos cimerios enterraron a su realeza y luego emigraron al suroeste de Asia, perseguidos todavía por los implacables escitas. Intentaron cruzar a Asiria en el año 705 a. C., pero Sargón II lo impidió (aunque murió en la batalla). Finalmente se establecieron en Anatolia (Turquía). Durante el reinado del padre de Ciáxares, el rey escita Madyes sometió a los medos y mantuvo el dominio durante veintiocho violentos y caóticos años. Los escitas se casaron con la aristocracia meda e influyeron en su cultura, por ejemplo, introduciendo los pantalones. Las obras de arte de las paredes de los palacios persas y los jarrones griegos mostraban a los medos vistiendo chaquetas de manga larga sobre pantalones ajustados y una capucha con solapas que cubrían la barbilla. Los hombres persas llevaban pantalones para la batalla, pero vestidos largos en otras ocasiones[5].

---

[5] Reza Zarghamee, *Discovering Cyrus: The Persian Conqueror Astride the Ancient World* (Washington, DC: Mage Publishers, 2018), 77.

Los medos adoptaron una vestimenta similar a la de este jefe guerrero de Saca
Crédito: Derzsi Elekes Andor, CC BY-SA 3.0 <https://creativecommons.org/licenses/by-sa/3.0>, vía Wikimedia Commons;
https://commons.wikimedia.org/wiki/File:The_Golden_Warrior_from_the_Issyk_kurgan.jpg

En dos décadas, los escitas y los cimerios se aliaron temporalmente contra su enemigo común, los asirios. Esto no salió bien, ya que el rey asirio Asarhaddón mató al rey escita. El siguiente rey escita adoptó un enfoque novedoso y audaz: pidió a Asarhaddón la mano de su hija en matrimonio y se alió con los asirios. Cuando Ciáxares el Medo asediaba Nínive hacia el 625 a. C., los escitas acudieron en ayuda de los ninivitas, luchando contra sus vasallos y conquistando a Ciáxares y su ejército medo al pie de las murallas de Nínive.

Después de casi tres décadas de tiranía escita, Ciáxares urdió un plan para liberarse. Más tarde, en el año 625 a. C., Ciáxares invitó a los señores escitas a un magnífico banquete. Los medos bebieron vino diluido, pero sirvieron vino de alto grado a los escitas. Una vez que los escitas se emborracharon y se deslizaron bajo la mesa, los medos masacraron a toda la nobleza escita. El baño de sangre dejó solo a los plebeyos escitas, que se unieron a los medos, y las fuerzas conjuntas tomaron con éxito Nínive. La conquista de los escitas llevó a Ciáxares a dominar las poderosas tribus escitas y sacas dispersas por el norte de Irán y Asia Central.

Mientras tanto, el rey Nabopolasar de Babilonia atacó las guarniciones asirias del sur de Mesopotamia, desalojando a los asirios y obteniendo el control de toda Babilonia. A continuación, se impuso en la invasión del territorio asirio a lo largo del Éufrates en Siria, a pesar de que el faraón egipcio acudió en ayuda de los asirios. El tercer paso en la estrategia de Nabopolasar para eliminar a Asiria fue aliarse con el rey Ciáxares de Media, que trajo consigo a los persas y a los escitas. Nabopolasar concertó un matrimonio entre su hijo, el príncipe heredero Nabucodonosor II, y la princesa Amitis, hija de Ciáxares. Al parecer, Nabucodonosor construyó más tarde los famosos jardines colgantes de Babilonia para complacer a su novia, que echaba de menos las montañas y el verdor de Media.

Los medos habían estado recibiendo la brutalidad de los asirios durante más de un siglo; ahora, cambiaron las tornas. El rey Ciáxares atacó brutalmente la ciudad sagrada de Asiria en el 615 a. C. Nabopolasar y sus fuerzas babilónicas llegaron tarde, después de que los medos y los escitas hubieran tomado la ciudad. Los encontró masacrando a la mayoría de los civiles y destruyendo los impresionantes templos. Aunque estaba encantado de que sus aliados hubieran conquistado la antigua ciudad, Nabopolasar estaba horrorizado por el destrozo de los lugares sagrados. Se dejó el pelo revuelto y durmió en el suelo para señalar a los dioses su luto por la profanación.

La espantosa derrota fue el comienzo de la caída definitiva de los asirios. Según Ctesias, el sacerdote caldeo Belesys, experto en adivinación, persuadió a los medos para que formaran una gran coalición de medos, persas, babilonios, escitas y cimerios. Sus adivinaciones prometían el éxito en la destrucción total del Imperio asirio. Ciro I, el abuelo de Ciro el Grande, probablemente dirigía las tropas persas.

La asombrosa alianza de 400.000 guerreros descendió sobre Asiria en el 612 a. C. A pesar de su asombroso número, los aguerridos asirios salieron a su encuentro a orillas del Éufrates y derrotaron a las fuerzas de la coalición. Cuando toda esperanza parecía perdida, los bactrianos del este de Irán desertaron a la alianza babilónico-iraní. Los asirios no se dieron cuenta de este hecho, ya que estaban celebrando su victoria. Cuando se tambaleaban borrachos, la coalición lanzó un ataque sorpresa. Murieron tantos asirios en la batalla que el Éufrates se tiñó de rojo.

Los asirios supervivientes se retiraron a Nínive, la ciudad más grande del mundo en aquella época. Sus gruesas e inexpugnables murallas tenían seis metros de piedra coronados por seis metros de ladrillo. Las fuerzas de la coalición rodearon la ciudad, pero carecían de la tecnología de asedio de los asirios y no pudieron penetrar las murallas. Pero entonces, ¡sucedió! Una prolongada y torrencial lluvia hizo que el río Tigris inundara Nínive, arrastrando los cimientos y destruyendo una sección de la muralla.

«Las puertas del río se abren de golpe y el palacio se derrumba»[6].

Las fuerzas unidas irrumpieron en la ciudad, saqueando el palacio y los templos de tesoros inimaginables. El rey asirio se suicidó mientras Nínive se convertía en humo. A los ojos de los medos y persas, la malvada serpiente Azhi Dahaka ya no existía.

«¡Los escudos brillan en rojo a la luz del sol!

Observad los uniformes escarlata de las valientes tropas.

Mirad cómo sus relucientes carros se ponen en posición,

con un bosque de lanzas ondeando sobre ellos.

Los carros corren temerariamente por las calles

y se precipitan salvajemente por las plazas.

Brillan como la luz del fuego

y se mueven tan rápido como un rayo...

¡Recoged la plata! ¡Saquead el oro!

Los tesoros de Nínive no tienen fin...

su vasta e incontable riqueza.

Pronto la ciudad es saqueada, vacía y arruinada.

Los corazones se derriten y las rodillas tiemblan.

---

[6] Nahum 2:6, Tanaj: Navi: Libro de Nahum.

La gente está atónita,
sus rostros pálidos y temblorosos.
¿Dónde está ahora esa gran Nínive,
esa guarida llena de jóvenes leones»[7].

El aumento de poder de los medos condujo a su expansión y ascendencia sobre todo Irán, incluidos los persas. Babilonia reclamó la mayor parte del antiguo corazón asirio, excepto la región más septentrional, que los medos tomaron. Los medos extendieron su poder hacia el norte, hasta el río Halys de Turquía, en el reino de Armenia, y hacia el oeste, hacia el mar Negro, conquistando Capadocia. También formaron fuertes alianzas hacia el este, en Asia Central. Los medos y los persas renovaron su tratado varias décadas después, sellándolo con un matrimonio real. El hijo del rey Ciro I, Cambises de Persia, se casó con Mandane, la hija del rey medo Astiages y nieta de Ciáxares. Media siguió siendo el reino dominante, con Persia como vasallo.

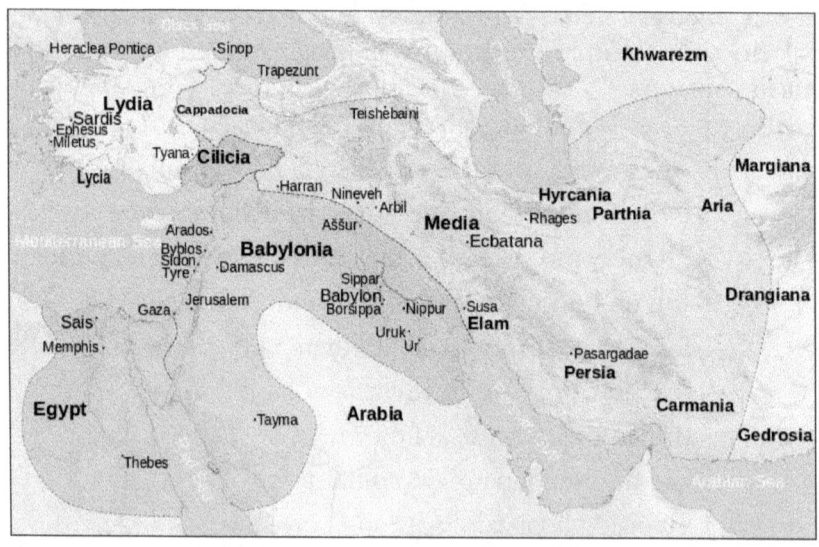

Los medos gobernaban desde Ecbatana un imperio que se extendía desde Capadocia en el mar Negro hasta Carmania en el mar de Arabia

Original: User:SzajciInglés: User:WillemBK, CC BY-SA 3.0 <https://creativecommons.org/licenses/by-sa/3.0>, vía Wikimedia Commons https://commons.wikimedia.org/wiki/File:Median_Empire-en.svg

---

[7] Nahum 2:3-4, 9-11, Tanaj: Navi: Libro de Nahum.

Alrededor del año 600 a. C., Cambises y Mandane dieron a luz a Ciro II (Ciro el Grande). Cuando Heródoto escribió sobre la infancia de Ciro II, dijo que había elegido una de varias historias. En la historia que Heródoto registró, el rey Astiages soñó que su nieto Ciro (llamado Agradates al nacer) lo derrocaría. Sus astrólogos le aconsejaron que la única manera de evitarlo era matar al niño. Astiages convocó a su hija Mandane desde Persia a Ecbatana, ordenando a su general Harpago que robara el bebé cuando Mandane estuviera distraída y lo matara.

Harpago robó el bebé, pero no se atrevió a dañar al inocente niño, así que lo entregó al pastor de vacas Mitrídates, diciéndole que abandonara al niño en el desierto. En lugar de ello, Mitrídates entregó el bebé a su esposa y envolvió a su hijo mortinato en los pañales del bebé real. Varios días después entregó el niño muerto a Harpago para demostrar que lo había abandonado a su suerte.

Cuando Ciro tenía diez años, Astiages descubrió su identidad. Según el relato de Heródoto, para castigar a Harpago por no seguir sus órdenes, Astiages mató al hijo de Harpago, lo cortó en pedazos, lo cocinó y sirvió su cuerpo a Harpago en un banquete. Sus astrólogos informaron de que Ciro ya no era una amenaza, así que Astiages devolvió a su nieto Ciro a sus verdaderos padres, el rey y la reina de Persia.

Jenofonte dijo que cuando el joven Ciro visitó a su abuelo medo Astiages en la corte, le pareció peculiar que Astiages llevara kohl alrededor de los ojos, colorete, una peluca, una túnica púrpura y brazaletes. Comían en una mesa cubierta con múltiples platos de manjares variados. Los persas vestían con sencillez, comían de forma simple y llevaban un estilo de vida relativamente austero. Sin embargo, Ciro dejó que su abuelo lo adornara con brazaletes, collares y una elegante túnica y le regalara un caballo con brida dorada para que lo montara.

Cuando regresó a Persia, Ciro repartió sus tesoros entre sus amigos. Más tarde, Astiages lo reprendió por haber regalado los obsequios, pero el igualitario Ciro le respondió que era la única forma de mantener la cabeza alta. Cuando Ciro llegó a la adolescencia, aprendió el arte de la guerra bajo la tutela de Astiages. El historiador griego del siglo IV Dinon y el poeta griego Íbico (contemporáneo de Ciro) dijeron que Ciro sirvió como general del ejército de su abuelo medo.

Ciro ascendió al trono persa en el año 559 a. C. con el título de «rey de Anshan» cuando murió su padre, tomando el nombre de Ciro II para honrar a su abuelo paterno. Los relatos persas describen a Ciro como un hombre apuesto, generoso, respetuoso, idealista, cortés, deseoso de aprender cosas nuevas y que aceptaba la corrección. También tenía una ambición desmedida, era voluntarioso y buscaba la venganza si era traicionado. Plutarco dijo que tenía «nariz de halcón», algo que los persas consideraban atractivo, y Heródoto informó de que tenía una mirada enervante y penetrante.

Ciro se casó con su querida pariente Casandra, también de la familia persa aqueménida. Estuvieron felizmente casados y tuvieron al menos cuatro hijos juntos; su hija Atossa se casaría con Darío el Grande. Casandra murió en el año 538 a. C., justo cuando Ciro estaba asediando Babilonia, diciendo que irse del lado de Ciro era más amargo que abandonar la tierra. La *Crónica de Nabonido* recoge que el desconsolado Ciro ordenó seis días de luto por su querida esposa en todo el imperio[8].

Según la *Crónica de Nabonido* (que era sobre todo una historia del último rey babilónico), estalló un conflicto entre Ciro y su abuelo Astiages, que aún gobernaba el reino medo. Aunque los persas reconocían el dominio medo, siempre habían gozado de autonomía local. Solo necesitaban pagar tributos y suministrar hombres para servir en el ejército, que podían enriquecerse con el botín de guerra. Ahora, los espías de Astiages estaban por todas partes. Estableció puestos de control entre Media y Persia y se apropió de los agricultores persas para que trabajaran en sus campos.

Incluso los medos estaban consternados por las reformas cada vez más despóticas de Astiages, y conspiraron con Ciro y sus ofendidos jefes. Heródoto escribió que el general de Astiages, Harpago, en venganza por el asesinato de su hijo, escribió a Ciro, recordándole cómo le había perdonado la vida cuando era un niño. «A mí me debéis vuestra liberación. Haced lo que os aconsejo y el

---

[8] *The Chronicle Concerning the Reign of Nabonidus (ABC 7)*, Livius, 2020. https://www.livius.org/sources/content/mesopotamian-chronicles-content/abc-7-nabonidus-chronicle/.

reino de Astiages será vuestro. Convence a los persas para que se rebelen y marchen contra los medos. Abandonaremos a Astiages y nos pasaremos a vuestro lado».

Cuando Ciro se rebeló contra su abuelo, el rey Astiages reunió su ejército y marchó contra Ciro para conquistar Anshan, la capital de Persia. El ejército de Astiages se rebeló, para su sorpresa, tomándolo prisionero y entregándolo a Ciro. Ciro marchó entonces a Ecbatana, la ciudad real de los medos, saqueó su plata, oro y otros bienes valiosos, y los llevó como botín a su capital de Anshan. El sueño, o más bien la pesadilla, de Astiages se hizo realidad: su nieto Ciro derrocó su reino. Sin embargo, Ciro trató a su abuelo con amabilidad; Heródoto dijo que Astiages vivió con Ciro en su palacio, y Ctesias dijo que Ciro nombró a Astiages como gobernador de Partia.

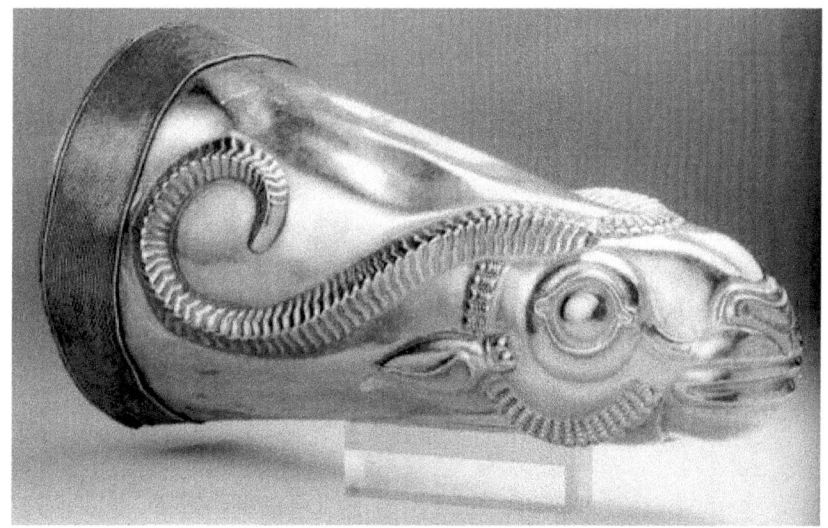

Entre el botín de Ciro puede haber un ritón o recipiente para beber de oro como este de Ecbatana con forma de cabeza de carnero

Museo Nacional de Irán, CC BY-SA 3.0 <https://creativecommons.org/licenses/by-sa/3.0/>, vía Wikimedia Commons; https://commons.wikimedia.org/wiki/File:Rython_boz.jpg

Después de que Ciro depusiera a su abuelo, las fuentes discrepan sobre si Ciro se convirtió en rey de los medos inmediatamente o más tarde. Heródoto dijo que Ciro gobernó tanto a los medos como a los persas después de conquistar Ecbatana. Jenofonte dijo que Ciáxares II, hijo de Astiages, dirigió a los medos en una alianza con su sobrino Ciro hasta la caída de

Babilonia. En ese momento, Ciáxares II dio a su hija en matrimonio a Ciro, con el reino medo como dote, y Ciro dio a su tío un palacio en Babilonia[9] (y aparentemente la realeza sobre Babilonia)[10]. El escritor de tragedias griegas Esquilo y las inscripciones de la estela de Harran y los relieves de Persépolis apoyan el relato de Jenofonte. Ciáxares II puede haber sido el nombre del trono de Darío el Medo. El historiador Josefo lo llamó Darío, identificándolo como primo de Ciro e hijo de sesenta y dos años de Astiages[11].

Tras la caída de Ecbatana, es probable que Ciro mantuviera el dominio medo, con Ciáxares II/Darío como rey medo, al igual que Media había dominado anteriormente Persia. Los persas gobernaban ahora todo Irak y los actuales Tayikistán, Uzbekistán, Armenia y el norte de Mesopotamia. El nuevo imperio de Ciro el Grande estaba en ciernes.

---

[9] Jenofonte, Ciropaedia: La educación de Ciro, (8.5.19) trans. Henry Graham Dakyns (Proyecto Gutenberg eBook). https://www.gutenberg.org/files/2085/2085-h/2085-h.htm.
[10] Daniel 5:31, 6:1-2, Tanaj: Ketuvim: Libro de Daniel.
[11] Flavio Josefo, Antigüedades de los judíos, trans. William Whiston (Proyecto Gutenberg). https://www.gutenberg.org/files/2848/2848-h/2848-h.htm.

Capítulo 3: Ciro el Grande

El rey Nabonido de Babilonia no podía salir de su inercia. Había apoyado el golpe de estado dirigido por su hijo Belsasar contra el rey Labashi-Marduk, pero había salido terriblemente mal. De alguna manera, sus compañeros conspiradores lo habían empujado al trono. Después de una serie de golpes de estado, no parecía haber nadie lo suficientemente monárquico, y él era el nieto del último rey de Asiria. Pero se había formado como sacerdote; ¿qué sabía de gobernar un imperio? Ni siquiera pudo cumplir su sueño de modificar el sistema de culto de Babilonia. Los sacerdotes de Babilonia e incluso su hijo Belsasar se opusieron firmemente a sus reformas religiosas.

Nabonido partió a una campaña militar en Arabia y permaneció en el desierto durante diez años. Posiblemente enfermo mental, Nabonido entregó la dirección del Imperio babilónico a su hijo y regente, Belsasar[12]. El anciano rey parecía ajeno a la ominosa amenaza que suponía el creciente Imperio aqueménida de Ciro el Grande, que pronto engulliría Oriente Medio y eclipsaría a Babilonia. Mientras Nabonido estaba cavilando en Arabia, Ciro estaba conquistando las tierras que rodeaban a Babilonia antes de dirigirse a Babilonia. Un imperio caería, y otro se levantaría.

---

[12] Paul-Alain Beaulieu, "Nabonidus the Mad King", en *Representations of Political Power*, ed. Marlies Heinz y Marian H. Feldman (Winona Lake: Eisenbrauns, 2007), 137-167

Por su parte, el rey Creso de Lidia, de quien procede el término «rico como Creso», era realmente rico, pero también astuto. Sus antepasados habían gobernado todo el oeste de Anatolia (Turquía occidental) dos siglos antes, desde las ruinas de la antigua Troya en el noroeste hasta los montes Tauro en el este. Pero los griegos, los escitas y los cimerios comenzaron a acaparar territorios en las tierras costeras de Lidia. Luego, tras aplastar a Asiria con sus aliados, los medos avanzaron hacia el oeste, conquistando Capadocia.

Sin embargo, el ejército medo había traicionado a su rey, Astiages, a los persas. Creso se acarició la barba y asintió para sí mismo. Había llegado el momento de recuperar Anatolia. Con los aliados adecuados, podría tomar Capadocia. ¿Pero qué aliados? Envió a su embajador al oráculo de Delfos en Grecia. La sacerdotisa se sentó en su taburete sobre una fisura mientras los vapores del cuerpo en descomposición de la mítica Pitón se elevaban, haciéndola entrar en trance. Profetizó que si Creso guerreaba contra los persas, destrozaría un gran imperio. También recomendó aliarse con el estado griego de Esparta, lo que hizo Creso, que ya había formado alianzas con Egipto y Babilonia.

Creso condujo sus fuerzas lidias a Capadocia, capturando la ciudad mediana de Pteria y vendiendo a sus ciudadanos como esclavos. Pero no previó que Ciro consideraría la invasión de Lidia en territorio medo como una afrenta a sus parientes medos por parte de su madre. También le dio a Ciro una excusa para expandir su imperio en Anatolia. Sus fuerzas conjuntas medo-persas marcharon a Capadocia.

La primera etapa de la guerra entre Lidia y Persia no fue concluyente. Finalmente, llegó el momento de que las tropas se tomaran su habitual descanso invernal. Creso esperaba que Ciro se dirigiera a su casa en Persia, así que se retiró a su ciudadela de Sardes en la cima de una colina, convocando a sus aliados en Grecia, Egipto y Babilonia para que acudieran en su ayuda en la primavera. Pero Ciro no se retiró. Al oír una conmoción, Creso se paró en las murallas, horrorizado al ver que el ejército de Ciro se acercaba. Habían marchado a la velocidad del rayo desde Capadocia hasta su capital. Ninguno de sus aliados había llegado aún. Creso reunió rápidamente sus fuerzas lidias y salió al encuentro de Ciro con 420.000 hombres frente a los 196.000 soldados de Ciro.

Los dromedarios de los persas sembraron el pánico en la caballería de Lidia
https://commons.wikimedia.org/wiki/File:Defeat_of_Croesus_546_BCE.jpg

Entonces el general medo de Ciro, Harpago, recomendó el golpe de gracia: ¡poner sus trescientos dromedarios en primera línea! No se trataba de camellos de guerra, sino de animales de carga, pero los caballos lidios nunca habían visto criaturas tan enormes. Aterrados por el olor penetrante de los camellos, los caballos salieron del campo. Los lidios se retiraron a la ciudad, pero Ciro tenía media docena de torres de asedio móviles. Cada una de ellas contaba con veinte hombres, que se elevaban lo suficiente como para enviar proyectiles sobre las murallas de Sardes. En dos semanas, Sardes cayó.

Ciro solicitó una hoguera gigante para ejecutar a Creso. Sin embargo, cuando el humo comenzó a subir, la dignidad del rey lidio conmovió a Ciro. Ordenó apagar el fuego, pero para entonces las llamas estaban subiendo demasiado. De repente, los cielos se abrieron. Una oportuna tormenta apagó el fuego y Creso se salvó. Sus primeras palabras a Ciro fueron:

—¡Deberías impedir que tus soldados quemen y saqueen Sardes!

—¿Por qué?

—Porque me has derrotado. La ciudad te pertenece. ¿Por qué dejar que tus hombres la destruyan?

Ciro se rio y decidió mantener a Creso en su compañía como consejero.

Este jarrón griego del Ática representa la ejecución de Creso, de la que escapó

https://commons.wikimedia.org/wiki/File:Kroisos_stake_Louvre_G197.jpg

Lidia era la zona de amortiguación de las doce colonias griegas de Jonia en el mar Egeo. En aquella época, más del 40% de los griegos vivían fuera de la Grecia actual, en las quinientas colonias griegas que rodeaban el Mediterráneo y el mar Negro. Permanecían estrechamente vinculadas a la madre patria a través del comercio y la cultura, pero tenían gobiernos independientes. El general Harpago conquistó rápidamente los estados griegos jónicos, asombrando al mundo griego. Sin embargo, los jonios mantuvieron cierta autonomía local mientras pagaban tributos y enviaban hombres a luchar en el ejército persa.

Mientras Harpago dominaba Jonia, Ciro se dirigió al este para conquistar a los nómadas sogdianos del actual Uzbekistán; durante los siguientes 150 años, estos pagaron a Persia un tributo de piedras semipreciosas. Su siguiente objetivo fue Fenicia, en la costa mediterránea. Las antiguas ciudades de Biblos, Sidón, Trípoli y Tiro se rindieron pragmáticamente en lugar de luchar. Su apuesta dio resultado: solo tuvieron que pagar su parte de 350 talentos al año, al igual que Israel, Chipre y Siria. La experiencia en la construcción de barcos y las estrategias navales de los fenicios aportaron una gran fuerza al Imperio aqueménida en las próximas guerras navales contra Egipto y Grecia.

La conquista de Fenicia por parte de Ciro sacó de su inercia al rey Nabonido de Babilonia. Se había encogido de hombros cuando Ciro conquistó otras tierras, ¡pero Tiro era suya! Varias décadas antes, el gran rey de Babilonia Nabucodonosor II había conquistado Tiro tras un asedio de trece años. Al terminar su intervalo de diez años, Nabonido regresó a Babilonia, lo que significó que sus ciudadanos pudieron volver a celebrar sus fiestas; eso no había ocurrido bajo el regente Belsasar.

El siguiente paso de Ciro fue conquistar la capital elamita de Susa, una de las ciudades más antiguas del mundo. La datación por radiocarbono indica que una cultura neolítica fundó Susa alrededor del año 4395 a. C., lo que precede a los elamitas en más de un milenio. En la primera Edad de Bronce, los sumerios gobernaron Susa, y luego los acadios tomaron el control. Los elamitas tomaron Susa en 2004 a. C., convirtiéndola en su capital durante casi 1.500 años. Ciro el Grande capturó Susa en el año 539 a. C., estableciéndola como capital del Imperio persa-aqueménida.

Desde Susa, Ciro y su ejército descendieron al norte de Babilonia. El rey Nabonido se dirigió al norte para defender las ciudades de Sippar en el Éufrates y Opis en el Tigris. Las ciudades protegían cada extremo de la muralla media que Nabucodonosor II había construido para evitar que los medos atacaran Babilonia desde el norte. Los dos ríos constituían una barrera natural al este y al oeste de Babilonia, al igual que el golfo Pérsico al sur.

Ciro marchó hacia Babilonia con su astuto general Gubaru, cuyas novedosas tácticas decantaron la victoria hacia las fuerzas medo-persas. En septiembre del 539 a. C., Ciro alcanzó el río Tigris cuando estaba en su nivel más bajo. Sus fuerzas invadieron Opis, matando a los ciudadanos y amasando grandes tesoros. Mientras tanto, los ingenieros de Ciro estaban ocupados desviando el Tigris hacia canales de riego, bajando el nivel del agua lo suficiente como para que sus hombres pudieran vadearlo por el lado sur de la muralla.

Cuando Opis cayó, no quedó nadie para vigilar la muralla o el río. ¡Los persas estaban en Babilonia! En este punto, Ciro dividió su ejército en dos fuerzas. Condujo a la mitad de sus hombres hacia el oeste para atacar Sippar y dirigió al general Gubaru hacia el sur para atacar Babilonia. El pueblo de Sippar se rindió sin luchar, y el rey Nabonido huyó.

Mientras tanto, en Babilonia, los ciudadanos celebraban alegremente su fiesta al dios de la luna, algo que no habían podido hacer durante una década[13]. No les había llegado la noticia de que Ciro había tomado Opis y vadeado el Tigris. No tenían ni idea de que la mitad del ejército de Ciro se dirigía hacia ellos. El corregente Belsasar estaba celebrando una gran fiesta con mil de sus nobles. Pero entonces levantó la vista para ver la horripilante visión de una mano fantasmal inscribiendo algo en la pared.

Ninguno de sus astrólogos pudo leer la escritura, pero la reina madre entró al oír la conmoción. Le dijo a Belsasar que llamara al vidente Beltsasar (Daniel), que había sido consejero de Nabucodonosor. El anciano Daniel entró en la sala de banquetes, leyó la escritura en la pared y la interpretó. «Vuestros días están contados. Se os ha pesado en la balanza y se os ha encontrado faltos. Vuestro reino ha sido dividido y entregado a los medos y a los persas»[14].

Mientras Daniel hablaba, los medos y los persas se reunían al otro lado del Éufrates. Los babilonios se divertían en las calles, celebrando el Festival de Sin (el dios de la luna), ajenos a su presencia. Una vez más, los ingenieros del general Gubaru desviaron el río hacia los canales cercanos, bajándolo lo suficiente como para vadearlo. Los gritos de embriaguez de los babilonios en fiesta ocultaron el ruido de las fuerzas de Gubaru al derribar la Puerta de Enlil.

Una vez dentro de Babilonia, los persas mataron a cualquiera que intentara enfrentarse a ellos. Algunas personas dieron la

---

[13] *The Reign of Nabonidus (ABC 7)*.
[14] Daniel 5, Tanaj: Ketuvim: Libro de Daniel.

alarma, pero los persas gritaban fuertemente por la embriaguez, ahogando los gritos de advertencia. La mayoría de los ciudadanos no sabían que su ciudad estaba siendo atacada. Los persas se apresuraron a bajar por la vía procesional, el camino más directo hacia el centro de la ciudad, donde se encontraba el palacio.

Fuera de las puertas cerradas del palacio, los guardias se relajaban y bebían alrededor de un fuego ardiente. Los persas los abatieron, atrayendo la atención hacia el interior. Belsasar, el regente, envió a varios hombres para que vieran lo que ocurría fuera de las puertas del palacio. En cuanto abrieron las puertas, los persas entraron por la fuerza y se precipitaron en la sala de banquetes para ver a Belsasar con su cimitarra en la mano, rodeado de sus nobles. Los babilonios estaban demasiado borrachos para defenderse apropiadamente. Además, los superaban ampliamente en número. Las fuerzas persas abatieron a Belsasar y a todos los nobles babilonios[15].

Dos semanas después, Ciro hizo su gran entrada en Babilonia. Las puertas de la ciudad fueron abiertas de par en par por los ciudadanos de Babilonia, que se sintieron aliviados de que los militares de Ciro ya hubieran mostrado reverencia a los santuarios de la ciudad. Asumiendo el título de «rey de Babilonia, Sumeria y Acad, rey de los Cuatro Rincones de la Tierra», Ciro marchó diligentemente al templo de Marduk para adorar al dios patrón de la ciudad. Su reverencia a Marduk se ganó el corazón de los babilonios. Estaban resentidos con su rey, Nabonido, que había intentado suplantar a Marduk con Sin como jefe de los dioses.

---

[15] Jenofonte, *Ciropedia: La educación de Ciro*, trans. Henry Graham Dakyns. (Proyecto Gutenberg E-book). https://www.gutenberg.org/files/2085/2085-h/2085-h.htm.

Ciro II convirtió su modesto reino en un megaimperio

DiegoColle, CC BY-SA 4.0 <https://creativecommons.org/licenses/by-sa/4.0>, vía Wikimedia Commons; https://commons.wikimedia.org/wiki/File:Cyrus_the_Great_of_Persia.jpg

Los persas mataron a Belsasar, pero ¿qué hay de su padre, el rey Nabonido? La *Crónica de Nabonido* dice que los persas capturaron a Nabonido, pero Ciro le concedió la gracia, enviándolo a gobernar la provincia iraní de Carmania. Según el Libro de Daniel, Darío el Medo (probablemente Ciáxares II) gobernó brevemente como rey de Babilonia, nombrando sátrapas o gobernadores sobre las 120 provincias de Babilonia[16]. El historiador babilónico Beroso y el lexicógrafo romano Valerio Harpocración mencionan a un Darío gobernando en este período.

En el primer año del reinado de Ciro, permitió que los medos, sirios, judíos y otras poblaciones que habían sido reubicadas por los anteriores gobernantes babilónicos y asirios regresaran a sus tierras.

---

[16] Daniel 5:30 - 6:3, Tanaj: Ketuvim: Libro de Daniel.

Muchos exiliados ocupaban ahora puestos de alto rango, que conservaron bajo Ciro, y permanecieron en Babilonia. Entre ellos estaba Daniel, el vidente, que puede haber mostrado a Ciro las profecías de Isaías, que fueron escritas antes de que Ciro naciera:

«Esto es lo que dice el SEÑOR a Ciro, su ungido, cuya mano derecha he tomado para someter a las naciones ante él, desarmar a los reyes y abrir las puertas ante él para que no se cierren los portones. "Iré delante de ti y arrasaré los montes; derribaré las puertas de bronce y cortaré los barrotes de hierro. Os daré los tesoros de las tinieblas y las riquezas escondidas en lugares secretos para que sepáis que yo soy Yahveh, el Dios de Israel, que os llama por vuestro nombre"»[17].

«En consecuencia —escribió Josefo—, cuando Ciro leyó esto y admiró el poder divino, se apoderó de él un ferviente deseo y una ambición de cumplir lo que estaba escrito»[18].

Ciro dio esta proclamación, según lo registrado por Esdras el Escriba:

«En cuanto a la casa de Dios en Jerusalén, que se reconstruya el templo donde se ofrecen los sacrificios. Que se mantengan sus cimientos, con una altura de sesenta codos y una anchura de sesenta codos, con tres capas de piedras enormes y una capa de maderas. Y que el costo se pague del tesoro real. Además, que los utensilios de oro y plata de la casa de Dios, que Nabucodonosor tomó del templo de Jerusalén y llevó a Babilonia, sean devueltos y llevados a sus lugares en el templo de Jerusalén; los pondrás en la casa de Dios»[19].

---

[17] Isaías 45, Tanaj, Nevi'im, Yeshayahu.
[18] Flavio Josefo, *Antigüedades de los Judíos*, Libro XI, Capítulo 1.
[19] Esdras 6. Tanaj: Ketuvim, Libro de Esdras.

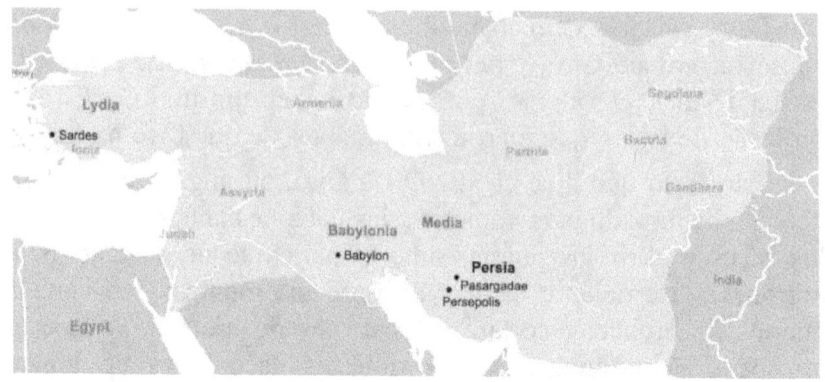

El imperio de Ciro se extendía desde el mar Egeo hasta el subcontinente indio

SG en la Wikipedia en inglés, CC BY-SA 3.0 <https://creativecommons.org/licenses/by-sa/3.0/>, vía Wikimedia Commons; https://commons.wikimedia.org/wiki/File:Persia-Cyrus2-World3.png

Cuando Ciro tenía setenta años, su enorme Imperio aqueménida se extendía desde el Mediterráneo hasta Afganistán. Infatigable, se centró en las extensas estepas de Asia Central. Al nombrar a su hijo Cambises II como corregente y rey de Babilonia, Ciro mantuvo el dominio sobre el resto del imperio antes de dirigirse al noreste para enfrentarse a los escitas y a los masagetas.

Los escitas eran parientes lejanos de los medos y los persas, y hablaban una variante de la lengua indoiraní. En su día ejercieron el dominio sobre los medos hasta que el gran rey medo Ciáxares masacró a sus dirigentes y los subyugó. Los escitas se aliaron con los medos, los persas y los babilonios para llevar a cabo la caída catastrófica de Asiria. Sin embargo, estos indómitos grupos de incursión nómada amenazaban las ciudades y las comunidades agrícolas del Imperio aqueménida.

Los masagetas eran una rama de los escitas. Según Heródoto, estos hábiles jinetes y nómadas errantes vivían al norte del río Araxes, que fluía desde el monte Ararat hasta el mar Caspio. Arrojaban semillas de cáñamo en sus hogueras, y el humo los «emborrachaba», saltando para bailar y cantar. En sus tierras abundaban el oro y el latón, que utilizaban para sus armas y armaduras. Cuando los masagetas envejecían, sus familias los sacrificaban junto con algunas reses en lo que consideraban una muerte honorable. En su mente, el sacrificio humano era preferible a la muerte natural de los ancianos, ya que los débiles o enfermos entorpecían su estilo de vida nómada.

La reina Tomiris gobernó sobre los masagetas tras la muerte de su marido. Ciro pensó que su mejor oportunidad para conquistar a los masagetas sería casarse con su reina, así que intentó cortejarla. Pero Tomiris se dio cuenta de sus subterfugios y rechazó sus propuestas. Entonces Ciro tomó la vía directa de reunir sus fuerzas, marchando hacia el río Araxes y construyendo barcos para llevar sus torres de asedio al otro lado.

La reina Tomiris le envió un heraldo que le transmitió su mensaje. «Rey de los medos, ¿cómo puede esto ser una verdadera ventaja para ti? Conformaos con gobernar vuestro propio reino en paz, y dejadme gobernar mi país. Si no, retírate de la orilla del río a tres días de marcha, y mis soldados se reunirán contigo allí».

Ciro discutió su oferta con su consejo de guerra, y los jefes persas votaron a favor de que la reina Tomiris se reuniera con ellos en el lado persa. Pero Creso, el antiguo rey de Lidia y ahora consejero de Ciro, protestó enérgicamente:

«¡Mi rey! ¡No puedo estar de acuerdo! ¡Si perdemos esta batalla, los masagetas avanzarán hacia vuestro imperio! Y si ganáis, aún tendréis que cruzar el río antes de seguir con vuestra victoria. Y, al retroceder tres días de marcha, estáis cediendo terreno a una mujer. Sugiero que crucemos el río y luego preparemos un gran banquete con cordero asado y mucho vino. Los masagetas no están acostumbrados a beber vino. Abandonaremos nuestro campamento excepto nuestras tropas más débiles, permitiendo que los masagetas lo capturen, coman la comida y beban el vino. ¡Cuando estén borrachos, atacaremos!».

Ciro siguió el consejo de Creso, y los persas masacraron a los masagetas borrachos y capturaron a Espargapis, el hijo de Tomiris. La desconsolada Tomiris envió un mensaje a Ciro: «¡Sangriento Ciro! Vuestro jugo de uva envenenado atrapó a mi hijo. ¡No fue una pelea justa! Devolvedme a mi hijo y dejad mi tierra. De lo contrario, morirás en un baño de sangre».

Sin embargo, tan pronto como los persas unieron a Espargapis, se suicidó. La iracunda reina Tomiris dirigió sus fuerzas en la «más feroz de las batallas» contra los persas. Tras una prolongada batalla, los vengativos masagetas se impusieron, destruyendo la mayor parte del ejército persa y matando a Ciro. Tomiris sumergió la cabeza cortada de Ciro en una bolsa de sangre humana, diciendo: «Os prometí que moriríais en un baño de sangre»[20].

La tumba de Ciro se encuentra en Pasargada, en la provincia iraní de Fars, patria de Persia
Bockomet, CC BY-SA 4.0 <https://creativecommons.org/licenses/by-sa/4.0>, vía Wikimedia Commons; https://commons.wikimedia.org/wiki/File:Cyrus_the_Great_Tomb.jpg

Cuando Ciro murió en el año 530 a. C., dejó un enorme imperio con un eficiente gobierno central y provincias gobernadas por sátrapas (gobernadores). Bajo el dominio persa, Babilonia experimentó un renacimiento de los avances matemáticos y científicos. Ciro se ganó el respeto de sus civilizaciones conquistadas honrando sus costumbres, dándoles un alto grado de autonomía y promoviendo su prosperidad. Ciro fue grande, no solo por sus destacados logros militares, sino también por su liderazgo estelar.

---

[20] Heródoto, *Las Historias, Libro Primero*, trans. George Rawlinson (Nueva York: Dutton & Co, 1862). http://classics.mit.edu/Herodotus/history.1.i.html.

Capítulo 4:
Conquista de Egipto y Escitia

—¡Gatos! —exclamó Fanes.

—¿Gatos? —preguntó el rey Cambises, desconcertado.

—¡Sí, mi señor! Los gatos serán nuestra arma secreta. También usaremos perros, ovejas e ibis.

¿Quién iba a imaginar que los gatos serían el factor decisivo en la primera victoria de Persia en el norte de África? Descubriremos esa historia y otras más, ya que el legado de Ciro continuó con las conquistas de su hijo Cambises y de su pariente lejano Darío I (el Grande). Cambises conquistaría Egipto, la mayor parte del norte de África y Chipre, mientras que Darío extendería el imperio hasta el valle del Indo y la península balcánica de Europa.

La muerte de Ciro a manos de los masagetas fue un golpe, pero ya tenía setenta años y había estado preparando a su hijo Cambises II para que gobernara en su lugar. Cambises había gobernado el norte de Babilonia como cogobernante con su padre. El segundo hijo de Ciro, Esmerdis, gobernaba en Asia Central. Tras subir al trono, Cambises pronto comenzó a planear el cumplimiento del objetivo de su padre de dominar Egipto.

Amosis II había sido faraón de Egipto durante más de cuarenta años. Estaba aliado con Polícrates, el gobernante de Samos, una colonia griega en el mar Egeo, frente a la costa occidental de

Turquía. Polícrates controlaba el mar Egeo con la armada más poderosa de la época, y Amosis controlaba el sureste del Mediterráneo. Juntos, habían tomado la importante y estratégica isla de Chipre en el Mediterráneo y realizaban incursiones en los territorios costeros persas. Mientras Cambises planeaba su ataque a Egipto, Polícrates se pasó inesperadamente al bando persa, llevando consigo su formidable armada.

Polícrates no fue el único griego que se pasó a Cambises. Fanes de Halicarnaso había servido como general mercenario a las órdenes de Amosis. Los mercenarios eran comunes en aquella época, luchando pragmáticamente por la paga que recibían en lugar de defender alguna ideología política. Como los mercenarios no tenían una motivación patriótica, tendían a pasarse al bando con mejores expectativas de victoria.

El faraón Amosis de Egipto sospechaba que Fanes de Halicarnaso conspiraba contra él, por lo que envió a unos asesinos tras él. Fanes eludió a los sicarios y desertó a Cambises, demostrando ser una gran baza con sus brillantes estrategias y su conocimiento de la maquinaria militar egipcia. Perder a Fanes fue un golpe para Amosis, pero perder Chipre fue peor, pues los griegos micénicos y los fenicios de Chipre cambiaron su lealtad de Egipto a Persia.

Antes de lanzar una campaña militar, Cambises intentó prudentemente una negociación pacífica con Egipto, solicitando la mano de la hija del faraón Amosis en matrimonio. Amosis no podía soportar separarse de su hija, así que envió a la encantadora Nitetis, hija del faraón Apries, a quien había usurpado el trono. Pero cuando Nitetis llegó, le contó a Cambises el engaño de Amosis, dándole a Cambises el pretexto que necesitaba para invadir Egipto.

Los fenicios construyeron barcos para la armada de Cambises, y los griegos jónicos también proporcionaron una flota. Siguiendo el consejo de Fanes, Cambises firmó un tratado con los árabes que controlaban la península del Sinaí, entre Israel y Egipto. Mientras sus hombres marchaban por el desierto del Sinaí, los jefes beduinos les proporcionaban el agua necesaria. La armada de Cambises navegó por la costa de Fenicia hacia Egipto.

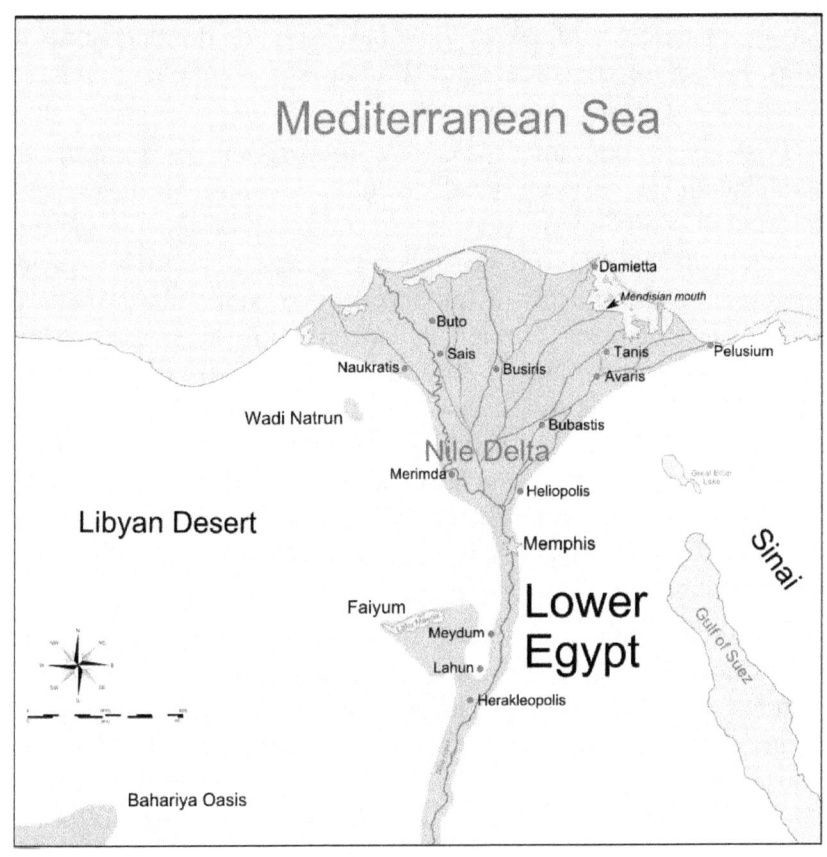

Darío conquistó primero Pelusio (arriba a la derecha) y luego Menfis (centro)

Lower_Egypt-es.png: *Ancient_Egypt_map-en.svg: Jeff Dahlderobra derivada: MinisterForBadTimes (talk) trabajo derivado: MinisterForBadTimes, CC BY-SA 3.0 <https://creativecommons.org/licenses/by-sa/3.0>, vía Wikimedia Commons; https://commons.wikimedia.org/wiki/File:Lower_Egypt_460_BC.png

Mientras Cambises avanzaba sobre Egipto, el faraón Amosis murió, y su hijo, Psamético III, se convirtió en faraón. Psamético envió sus barcos para enfrentarse a la armada fenicio-griega de Cambises, pero el almirante de Psamético, Udjahorresnet, desertó, proporcionando a Cambises más barcos y experiencia naval. En el año 525 a. C., la armada persa navegó hacia el delta del Nilo, donde Psamético lo esperaba en la fortaleza de Pelusio.

Al principio, los egipcios resistieron a los persas con sus pelotones de arqueros y formaciones de carros con una velocidad y agilidad inigualables. Sus catapultas eran su arma más mortífera, ya que lanzaban pequeñas rocas y proyectiles en llamas contra los persas, matando a miles de personas. Aquí es donde entran los gatos. El escritor griego del siglo II de nuestra era, Polieno, relató la historia en su libro *Estratagemas*[21].

Los egipcios querían a sus gatos como mascotas, y si uno moría, se afeitaban las cejas en señal de luto, momificaban al gato y lo enterraban con joyas. Su diosa guerrera Bastet, a menudo representada con cuerpo de mujer y cabeza de gato, se ofendía mucho si alguien mataba a un gato, lo que conllevaba la pena de muerte. Los egipcios también tenían en gran estima a sus perros con forma de látigo; su dios Anubis, con cabeza de chacal, protegía a los espíritus de los muertos. Los egipcios representaban a su dios creador Amón como un carnero; a diferencia de los israelitas, no sacrificaban ovejas, sino que adoraban carneros vivos. Los egipcios consideraban al pájaro ibis blanco como una encarnación de su dios Thot, el mantenedor del universo; se han descubierto millones de ibis momificados en las catacumbas egipcias.

Esta veneración por ciertos animales condujo a la ingeniosa táctica de Fanes. Cambises hizo pintar la imagen de Bastet en los escudos de sus soldados y luego soltó animales sagrados en su frente. Gatos, perros, ibis y carneros corrieron hacia adelante. Aterrados, los egipcios no pudieron luchar contra su diosa ni dañar a los animales con sus proyectiles de catapulta y sus flechas. Se dieron la vuelta y huyeron con los persas en plena persecución; cincuenta mil egipcios murieron frente a siete mil persas. Un siglo más tarde, Heródoto visitó el lugar de la batalla y encontró cráneos y huesos aún esparcidos por la arena.

Los egipcios huyeron cien millas al sur, a su capital, Menfis. Cambises envió un barco griego de Mitilene a Menfis para negociar los términos de una rendición pacífica. Sin embargo, los egipcios atacaron el barco y desmembraron a la tripulación. Tras asediar y derrotar a Menfis, Cambises ejecutó a dos mil príncipes egipcios en represalia por la masacre de Mitilene, pero perdonó a Psamético.

---

[21] Polieno, *Estratagemas: Libro séptimo*, trans. R. Shepherd (1793). http://www.attalus.org/translate/polyaenus7.html.

Esta imagen de un sello persa del siglo VI muestra a Cambises capturando a Psamético
https://commons.wikimedia.org/wiki/File:Cambyses_II_capturing_Psamtik_III.png

Mientras consolidaba Egipto, Cambises envió un ejército de cincuenta mil hombres al oasis de Siwa para destruir a los sacerdotes del templo de Amón que se habían negado a legitimar a Cambises como faraón de Egipto. Cambises se había coronado a sí mismo como faraón, adoptando un nombre de trono egipcio y haciendo sacrificios a los dioses egipcios, pero los sacerdotes de Amón lo consideraban un intruso ilegítimo.

Tras una semana de viaje, las fuerzas persas llegaron al oasis de El-Kharga, donde descansaron antes de continuar su viaje por el desierto. Se levantó un mortífero viento del sur que provocó una tormenta de arena que sepultó a las tropas. Como nunca se encontró ningún rastro del ejército desaparecido, la mayoría de los estudiosos descartaron la historia de Heródoto. Sin embargo, en 1996, una expedición descubrió una fosa común con huesos humanos, armas de bronce y joyas de plata de la época aqueménida[22].

Libia no tardó en firmar un tratado con el Imperio aqueménida, al igual que las colonias griegas de Cirene y Barca. Cambises restauró Menfis, convirtiendo a Egipto en sátrapa (provincia) de

---

[22] Rossella Lorenzi, "Vanished Persian Army Said Found in Desert", NBC *News: Science News*, 9 de noviembre de 2009. https://www.nbcnews.com/id/wbna33791672.

Persia, y los persas formaron la vigésimo séptima dinastía egipcia. La victoria de Cambises sobre Egipto marcó el fin del autogobierno egipcio. Los monarcas persas gobernaron como faraones sobre Egipto durante todo el Imperio aqueménida, al que siguió la dinastía macedonia de Ptolomeo y luego el Imperio romano.

Cambises permaneció en Egipto durante tres años antes de que un intento de golpe de estado en Persia exigiera su regreso. Mientras se apresuraba a volver a casa, sufrió una autolesión accidental en el muslo, al atravesarse con su espada mientras montaba en su caballo. Heródoto dijo que Cambises padecía la «enfermedad sagrada» (epilepsia), por lo que posiblemente se lesionó durante un ataque. La herida se gangrenó y, en tres semanas, Cambises murió de un shock séptico en el año 522 a. C.

El portador de lanzas de Cambises, Darío, estaba con él. Algunos se preguntaban en voz baja si Darío había causado la muerte de Cambises, y pronto los susurros se hicieron más fuertes. Cambises no tenía hijos, por lo que su hermano menor Esmerdis (Smerdis en griego) era el siguiente en la línea de sucesión al trono. Sin embargo, Esmerdis murió misteriosamente. Darío afirmó que Cambises había matado a su hermano antes de partir hacia Egipto para evitar que usurpara el trono en su ausencia.

Darío dijo que un mago (sacerdote iraní) llamado Gaumata, que se parecía al joven, se apoderó del trono, haciéndose pasar por Esmerdis. Esto fue lo que impulsó a Cambises a salir de Egipto hacia Persia. Después de que Cambises muriera en el camino, Darío regresó a Persia y asaltó la fortaleza de Gaumata en Media con otros seis coconspiradores y mató al pretendiente. ¿O realmente mataron a Esmerdis? Darío fue el único que informó de la muerte de Esmerdis por parte de Cambises. ¿Podría Esmerdis haber usurpado el trono de su hermano durante unos meses antes de su asesinato? ¿Fabricó Darío la falsa historia de Esmerdis para no ser acusado de regicidio?

En cualquier caso, Cambises y Esmerdis estaban muertos, sin dejar herederos masculinos a la dinastía aqueménida. Hasta que Darío afirmó ser un primo lejano de Ciro y Cambises y un descendiente directo de Aquémenes. En la inscripción de Behistun, esculpida a 1.200 metros de altura en un acantilado del oeste de Irán, Darío explicó su linaje:

«Yo soy Darío, el gran rey, el rey de los reyes, el rey en Persia, el rey de los países... Mi padre es Histaspes. El padre de Histaspes fue Arsames; el padre de Arsames fue Ariaramnes. El padre de Ariaramnes fue Teispes; el padre de Teispes fue Aquémenes... Nos llamamos los aqueménidas; desde la antigüedad, hemos sido nobles; desde la antigüedad, nuestra dinastía ha sido de la realeza»[23].

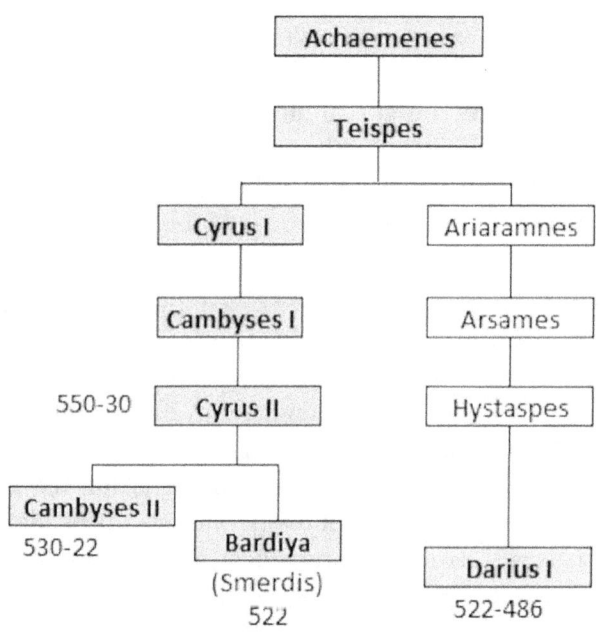

Darío I afirmaba descender de Aquémenes

Ekvcpa, CC BY-SA 4.0 <https://creativecommons.org/licenses/by-sa/4.0>, vía Wikimedia Commons; https://commons.wikimedia.org/wiki/File:Lineage_of_Darius_the_Great.jpg

Muchos sátrapas (gobernadores) del Imperio aqueménida rechazaron la historia de Darío sobre Esmerdis, su árbol genealógico y su derecho a gobernar. Varios sátrapas se declararon casi simultáneamente independientes de Persia, coronándose como reyes de sus países o satrapías: Elam, Babilonia, Persis Media, Asiria, Egipto, Armenia, Partia, Margiana (en Bactriana), Escitia y Sattagydia (en Pakistán). Uno a uno, en diecinueve batallas en un solo año, Darío reconquistó los países, capturando a los reyes y sátrapas rebeldes.

---

[23] Darío I, *La inscripción de Behistun*, Livio. https://www.livius.org/articles/place/behistun/behistun-3/.

Aunque Darío surgió de una relativa oscuridad con un pedigrí cuestionable y puede o no haber matado a uno o ambos hijos de Ciro, Darío elevó el Imperio aqueménida a nuevas y asombrosas alturas. Aportó estabilidad, desarrolló una infraestructura intrínseca y expandió el imperio hasta un tamaño nunca visto en el mundo. Abarcó tres continentes e incluyó a casi la mitad de la población mundial.

Después de aplastar las múltiples rebeliones en torno al imperio, Darío se dirigió a Egipto para reconsolidar las conquistas anteriores de Cambises. Luego dirigió su atención hacia el este, al valle del Indo. Ciro el Grande había conquistado el territorio entre Afganistán y el río Indo (el actual Pakistán), pero el pueblo se había rebelado en el caótico periodo que siguió a la muerte de Cambises.

En el año 518 a. C., las tropas de Darío escalaron el Himalaya para retomar el territorio anterior y expandirse hacia el Punjab, en el norte de la India, formando tres provincias del Indo: Satagidia, Gandhara y el valle del Indo. Estas provincias eran la región más próspera del Imperio aqueménida, ya que contenían grandes cantidades de oro. Pagaban anualmente ocho toneladas de polvo de oro en concepto de tributo: aproximadamente un tercio del valor de los ingresos totales por tributos del imperio procedentes de sus veintitrés países. Los indios también proporcionaban teca, marfil y elefantes de guerra.

En el año 513 a. C., Darío se dirigió hacia el noroeste, hacia los escitas de Europa, después de haber dominado a los escitas de Asia Central. El territorio escita se extendía desde las estepas septentrionales de Asia Central hasta el mar Negro y hasta Tracia (la actual Bulgaria, al noreste de Grecia). La pregunta de los escitas, según Heródoto, fue: «¿Por qué? No tenemos ciudades que conquistar ni cultivos que destruir. No tenemos prisa por luchar contra vosotros».

¿Por qué? Herodoto sugirió que era para ajustar viejas cuentas que se remontan a la historia persa temprana. Más probablemente, Darío quería tomar tierra y sentar las bases para una posterior invasión de Grecia. Sea cual sea su motivo, los escitas no se lo pusieron fácil a Darío. Sin ciudades ni campos de cultivo, todo lo que tenían que hacer cuando los persas se acercaban era recoger sus carros, en los que vivían, y dirigirse a otro lugar. Los escitas eran fieros guerreros que decoraban las bridas de sus caballos con las cabelleras de sus víctimas, pero preferían elegir sus batallas. ¿Por qué malgastar energías luchando?

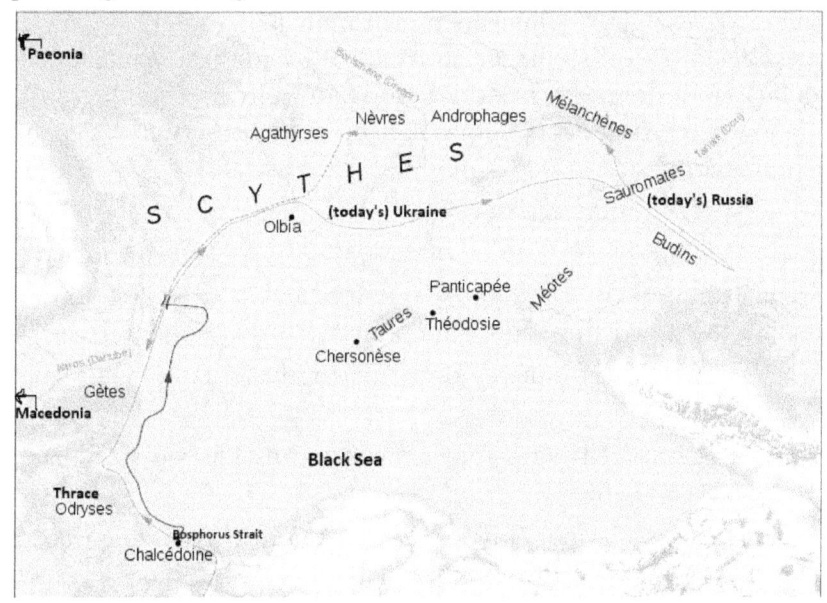

Este mapa representa la ruta de Darío mientras perseguía a los escitas

Foto modificada: Se han añadido etiquetas en inglés. Crédito: anton Gutsunaev, traduction GrandEscogriffe, CC BY-SA 4.0 <https://creativecommons.org/licenses/by-sa/4.0>, vía Wikimedia Commons; https://commons.wikimedia.org/wiki/File:DariusScythes_fr.svg

Los hombres de Darío construyeron un puente sobre el estrecho del Bósforo y luego marcharon hacia el norte, a través de la actual Bulgaria, hasta el Danubio en Rumanía. Instó al rey escita Idanthyrsus a que luchara o se rindiera, lo que se negó a hacer. Darío los siguió por todo el extremo norte del mar Negro hasta el río Volga en Rusia. Las fuerzas persas estaban agotadas y enfermas para entonces, ya que se estaban quedando sin agua ni comida en las duras estepas. Construyeron ocho fuertes para vigilar la frontera, pero el crudo invierno ruso estaba llegando y no tuvieron más remedio que retirarse. Aunque Darío nunca llegó a entablar una batalla total con los escitas, los había expulsado con éxito de la península báltica.

Mientras Darío perseguía a los escitas, dejó parte de su ejército y a su general Megabazo para terminar de conquistar Tracia, un punto de partida vital para su posterior campaña en Grecia.

Después de que Darío cruzara a Asia, se encontró con una curiosa visión. Una mujer alta y hermosa, con un hermoso vestido, conducía un caballo mientras balanceaba un cántaro sobre su cabeza y hacía girar el lino mientras caminaba hacia el río para dar de beber al caballo y llenar su cántaro. La impresionante y hábil multitarea despertó la curiosidad de Darío. Ordenó que le trajeran a la joven, y sus hermanos, que habían estado observando cerca, la acompañaron.

—¿De dónde sois y por qué estáis aquí?

—Somos peonianos —respondieron—. Nuestro país se encuentra en el río Estrimón, y nuestro pueblo es originario de la antigua Troya. Estamos aquí para ponernos bajo tu poder.

—¿Todas las mujeres de su país trabajan tanto? —preguntó Darío.

—¡Oh, sí! Nuestras mujeres son incansables en su trabajo e inigualables en belleza.

Era una estafa, por supuesto. El plan de los jóvenes nobles consistía en inducir a Darío a invadir Peonia (Macedonia del Norte) y luego nombrarlos sátrapas para gobernar el país. Pero su plan no concluyó tan bien como esperaban. Darío quería a esta gente alta, hermosa y trabajadora en su propio país, así que envió un mensaje a Megabazo en Tracia para que conquistara Peonia y trasladara a los hombres, mujeres y niños a Persia. Esta fue la primera vez que se llevó a cabo un programa de reubicación de la población bajo el dominio persa.

Una vez que el general Megabazo hubo trasladado a Persia a todos los peonianos que pudo reunir, se centró en Macedonia, que estaba al sur de Peonia. Envió siete embajadores persas exigiendo que el rey Amintas «diera tierra y agua», reconociendo la autoridad persa. El rey Amintas aceptó someterse y organizó una gran fiesta para los nobles persas. Los persas comentaron que era su costumbre disfrutar de un banquete con sus esposas y concubinas sentadas con ellos. El rey Amintas dijo que en Macedonia los hombres festejaban por separado de las mujeres. Aun así, él honraría la costumbre persa e invitaría a las mujeres a unirse a ellos. Las damas reales entraron en la sala y se sentaron junto a sus maridos, de cara a los persas, al otro lado de la mesa.

Entonces, los persas comentaron:

—¡Vuestras mujeres son tan hermosas que es una tortura mirarlas al otro lado de la mesa! Enviadlas a nuestro lado.

Aunque descontento, Amintas recordó lo que acababa de ocurrir con Peonia e indicó a las damas que se sentaran en el lado persa. Los persas borrachos empezaron a tocar inapropiadamente a las mujeres y a intentar besarlas. Amintas se sentó en un tormentoso silencio, pero su hijo Alejandro (un antepasado de Alejandro Magno) tenía un plan.

—Padre, sé que estáis cansado. Id a la cama, y yo me ocuparé de nuestros invitados y les daré lo que corresponde.

Después de que su padre saliera de la habitación, Alejandro se levantó y dijo magnánimamente:

—Queridos visitantes, considerad a todas estas damas como vuestras. Dejad que salgan ahora y se bañen mientras vosotros disfrutáis de vuestro vino, y luego volverán.

Alejandro llevó a las mujeres al harén y luego reunió a otros tantos jóvenes sin barba y delgados. Los vistió con las ropas de las mujeres, los armó con dagas y los presentó a los persas borrachos. Cuando los hombres comenzaron a tantear, fueron apuñalados por las «damas». Los persas nunca descubrieron qué había pasado con sus embajadores perdidos. Alejandro sobornó al grupo de búsqueda, incluso dando a su hermana en matrimonio al persa Bubares, que encabezó la investigación[24].

---

[24] Herodoto, *Las Historias: Libro quinto.*

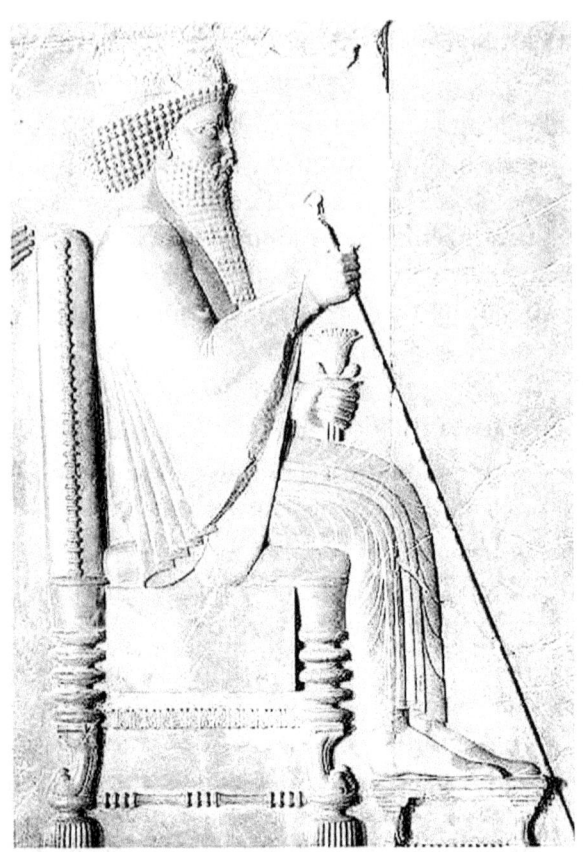

Este bajorrelieve representa a Darío I (el Grande)

Frank-Haf, CC BY-SA 4.0 <https://creativecommons.org/licenses/by-sa/4.0>, vía Wikimedia Commons; https://commons.wikimedia.org/wiki/File:Darius_the_Great.jpg

A pesar de haber perdido a los siete enviados y su séquito, los persas controlaban ahora Macedonia. Megabazo se dirigió a Sardes para reunirse con Darío, que se preparaba para regresar a su casa en Susa, dentro de Persia. Megabazo confió a Darío su preocupación por Histieo, el gobernante de la isla griega de Mileto, frente a la costa de Turquía. Después de que Histieo hubiera servido fielmente a Darío en la campaña escita, Darío le permitió construir un asentamiento en Peonia.

—¡Señor! ¡Histieo es griego! ¡Y es astuto! Ahora está instalado en Peonia y obtendrá el control de las minas de plata de Tracia y los bosques de madera para la construcción de barcos. Tenemos que mantenerlo alejado de Grecia.

Darío llamó a Histieo a Sardes y le dijo:

—Necesito vuestra sabiduría y perspicacia. Volved conmigo a Susa, vivid en mi espléndido palacio, compartid todo lo que tengo y sed mi consejero.

A Histieo le pareció halagadora la invitación de Darío, aunque tal vez se preguntara si tenía alguna opción en el asunto. Darío regresó a Persia con Megabazo e Histieo, dejando al general Ótanes como comandante de las tropas en la costa. El padre de Ótanes, Sisamnes, había servido como juez durante el reinado de Cambises, y cuando este descubrió que aceptaba sobornos, lo ejecutó y desolló su piel. Cortó la piel en tiras, formó un cojín de celosía para su silla de juez y nombró a Ótanes como próximo juez.

Sin duda, Ótanes se sintió aliviado al escapar de su trono horripilante para servir en el ejército, y puso al resto de las tribus balcánicas bajo el dominio persa. Sus conquistas dejaron a Persia controlando toda la península balcánica, excepto Grecia. Ese sería el siguiente movimiento de Darío, y había preparado el escenario para ello.

SEGUNDA PARTE: LAS GUERRAS GRECO-PERSAS

Capítulo 5: La revuelta jónica

Histieo se paseaba de un lado a otro en el exquisito palacio de Susa, ornamentado con oro, lapislázuli, turquesa, ébano y marfil. Se sentía como un pájaro en una jaula dorada. ¿Por qué aceptó ir a Persia con el rey Darío? En Jonia, había gobernado Mileto, la ciudad-estado griega más rica. Y con su nueva ciudad en Peonia, su control de las minas de plata y los bosques del norte de la península balcánica le habría reportado riquezas inimaginables.

Pero ahora estaba atrapado en Persia, sin poder. Necesitaba volver a Jonia, y tenía un plan. Dirigiría a su yerno, que ahora gobernaba Mileto, para que creara problemas contra Persia. Luego pediría permiso a Darío para volver a casa y arreglar todo. ¿Pero cómo podría hacer llegar el mensaje a los persas? Levantó la vista para ver a su sirviente favorito acercándose y sonrió. Pasando el brazo por los hombros del hombre, le dijo: «Os voy a enviar a Jonia. Pero primero, tenéis que afeitaros la cabeza. Y luego mantener el turbante puesto por un tiempo».

¿Dónde estaba Jonia? Era un grupo de ciudades-estado griegas situadas en las islas y zonas costeras de la actual Turquía occidental, al otro lado del mar Egeo, desde Grecia. Como ya hemos dicho, casi la mitad de la población griega vivía en colonias alrededor del Mediterráneo, el Egeo y el mar Negro. Según sus tradiciones, los jonios llegaron a la región costera del Egeo oriental desde Atenas unos 140 años después de la guerra de Troya.

La antigua Troya estaba en la costa de Turquía, al norte de lo que más tarde se convirtió en Jonia. Los griegos dorios y eolios también establecieron colonias en la costa de Turquía, pero la región se denominó colectivamente Jonia en honor a sus primeros colonos griegos. Los griegos nunca formaron un gobierno central en Jonia; cada ciudad-estado era una potencia autónoma vinculada a otras por la religión y la cultura. Con el tiempo, estas colonias se convirtieron en centros extraordinariamente ricos de arte, filosofía y avances científicos y matemáticos.

Los jonios colonizaron el centro de Jonia, con los eolios al norte y los dorios al sur

Foto modificada: ubicación de Troya añadida. Crédito: Alexikoua, CC BY-SA 3.0 <https://creativecommons.org/licenses/by-sa/3.0>, vía Wikimedia Commons; https://commons.wikimedia.org/wiki/File:Western_Asia_Minor_Greek_Colonization.svg

Ciro el Grande sometió a Jonia al dominio persa, pero cada ciudad-estado continuó con su autogobierno, aunque algunos gobernantes fueron tiranos. Hoy, la palabra tirano evoca imágenes de un dictador despótico y cruel, pero en las ciudades-estado griegas, un tirano era alguien que se convertía en gobernante fuera de los cauces habituales. Un tirano usurpaba el trono y gobernaba con poder absoluto en lugar de ser el hijo del rey anterior o formar parte del consejo aristocrático gobernante.

Los tiranos solían ser gobernantes más benévolos que los monarcas o los consejos aristocráticos porque necesitaban el apoyo del pueblo para mantener su gobierno. Por ello, solían perdonar las deudas, iniciar reformas y promulgar leyes para proteger a la gente corriente de la injusticia. Sin embargo, cualquier gobernante totalitario puede convertirse rápidamente en un déspota draconiano, por lo que los griegos consideraron una dirección política diferente.

Polícrates, que ayudó a Darío I a conquistar Egipto, fue un gobernante tirano de Samos del 540 al 522 a. C. Tomó el control de la isla con solo sus dos hermanos y quince hombres. Después de matar a un hermano y exiliar al otro, se convirtió en el único y absoluto gobernante de Samos, con el plan final (e incumplido) de consolidar toda Jonia bajo su dominio. Durante su reinado, los samios construyeron el acueducto de Eupalinos, de cuatro mil metros de longitud. Dos equipos en extremos opuestos perforaron una montaña para encontrarse en el centro, demostrando un asombroso dominio de la geometría y la ingeniería.

Otro tirano fue Histieo, gobernante de Mileto, que ayudó a Darío en su invasión de Tracia, pero Darío lo llevó de vuelta a Persia con él después de que el general Megabazo expresara su desconfianza. Los instintos de Megabazo eran correctos, como resultó, según Heródoto[25]. Aunque Histieo permaneció bajo la vigilancia de Darío en Persia, siguió manipulando los acontecimientos en Mileto, donde ahora gobernaba su sobrino y yerno Aristágoras.

Algunos aristócratas que habían sido expulsados de la isla de Naxos, en las Cícladas (islas entre Grecia y Jonia), acudieron a

---

[25] Heródoto, *Las Historias: Libro quinto y sexto*.

Aristágoras en busca de ayuda para recuperar su país. Aristágoras les dijo: «No tengo suficiente poder para ayudaros, pero el hermano del rey Darío, Artafernes, es mi amigo. Darío lo nombró gobernante en Sardes con la supervisión de toda Jonia. Dejadme hablar con él y ver qué podemos arreglar».

Así pues, Aristágoras se reunió con el hermano de Darío, Artafernes, en Sardes, y lo tentó para que invadiera las Cícladas (que eran independientes de Persia) y reintegrara a los exiliados. «Naxos es una isla grande, rica y fértil, con minas de plata y canteras de mármol. Os proporcionaremos los gastos militares y un gran regalo a cambio de vuestras molestias. Cien barcos es todo lo que necesitáis. Ganaréis no solo Naxos, sino también las demás islas circundantes, lo que os dará el control de la desembocadura del Egeo».

A Artafernes le gustó el plan, pero tenía que consultarlo con su hermano, el rey Darío. También quería doscientos barcos. Darío dijo que sí, así que la coalición persa-jónica reunió una flota de doscientas trirremes y un gigantesco ejército dirigido por el almirante persa Megabates, sobrino o primo de Darío. Zarparon hacia Naxos, pero estallaron problemas entre persas y griegos. Mientras Megabates hacía su ronda de inspección, descubrió un barco griego sin nadie de guardia. Castigó a su capitán, Escila, atándolo a un ojo de buey con la cabeza fuera del barco. Cuando Aristágoras se enteró, intercedió en vano ante Megabates por su amigo, por lo que liberó él mismo a Escílax. Megabates se enfureció, pero Aristágoras le gritó en voz alta: «¡No olvidéis que estáis bajo *mi* mando!».

Humillado y furioso, Megabates decidió vengarse de los griegos jónicos enviando en secreto un barco a Naxos para advertir a sus ciudadanos del peligro inminente. Los naxianos sabían que los doscientos barcos navegaban en su dirección, pero no tenían ni idea de que su isla era el objetivo, ya que suponían que los barcos se dirigían a Grecia o al Mediterráneo. En cuanto recibieron la advertencia de Megabates, cosecharon rápidamente los cultivos que estaban listos y almacenaron agua y suministros dentro de las murallas de su ciudad. Los naxianos soportaron un asedio de cuatro meses antes de que los persas se rindieran finalmente.

Aristágoras, arruinado económicamente tras sufragar el asedio, apenas pudo pagar a las tropas y no pudo cumplir sus promesas a Artafernes. Se preocupaba por si el fracaso de su campaña y su enfrentamiento con Megabates, pariente de Darío, le costaría su dominio sobre Mileto. Creía que la única manera de salir de su apuro era unir a sus compañeros griegos jónicos y liberarse de Persia. Entonces, podría mantener su reino. Mientras reflexionaba sobre esto, recibió un extraño mensaje de su suegro, Histieo, en Persia.

El mensaje en sí no era extraño, sino la forma en que lo recibió. Histieo estaba cada vez más irritado en Persia, ya que no podía regresar a Jonia y no podía enviar ningún mensaje a Aristágoras que no fuera interceptado. Quería provocar una revuelta entre los jonios, con la esperanza de que Darío lo enviara de vuelta a casa para sofocarla. Así que llamó a su sirviente de mayor confianza, le afeitó la cabeza y le tatuó el mensaje «¡Revuelta!».

Después de que el pelo creciera lo suficiente como para cubrir el mensaje, envió al hombre a Mileto, diciéndole: «Cuando lleguéis a Mileto, pedid a Aristágoras que os afeite la cabeza».

El mensaje confirmó lo que Aristágoras ya había decidido hacer. Su único problema era que ahora estaba sin dinero, sin forma de financiar una nueva empresa militar. Uno de sus amigos lo animó a asaltar el templo de Branchdac, que había sido enriquecido por el rey Creso, pero Aristágoras no quería enfadar a los dioses. A pesar de la falta de fondos, Aristágoras siguió adelante con la rebelión. Animó a sus compañeros gobernantes jónicos (en su mayoría tiranos) a renunciar a sus tronos, como él había hecho, y a formar una mancomunidad democrática con él al frente. Expulsó a cualquier tirano que no estuviera dispuesto a rebelarse contra Darío.

A continuación, Aristágoras se dirigió a Grecia para pedir ayuda a los espartanos. El rey Cleómenes, de quien Heródoto dijo que «no estaba muy bien de la cabeza», se negó, no queriendo involucrarse en una empresa tan lejana a Esparta. Aristágoras se dirigió entonces a Atenas, en la península del Ática, la patria ancestral de los griegos jónicos. Los atenienses se habían librado recientemente del gobierno tirano y estaban experimentando con la democracia. Aceptaron ayudar, pero solo podían disponer de veinte barcos. La ciudad de Eretria, otra ciudad madre de las colonias jónicas, envió cinco naves.

Después de regresar a Mileto, Aristágoras envió una fuerza dirigida por su hermano Charopinus para atacar por sorpresa a Sardes. Su gobernante, Artafernes, se retiró a la acrópolis de la colina en el centro de la ciudad, pero uno de los templos se incendió, obligando a los persas a bajar al mercado. Justo cuando los griegos estaban saqueando Sardes, llegaron los refuerzos persas, expulsando a los griegos a Éfeso, en la costa.

Los griegos jónicos se dispersaron a los cuatro vientos, y los atenienses decidieron que era hora de volver a casa. Sorprendentemente, los colonos griegos de Chipre, una gran isla del Mediterráneo oriental, decidieron sumarse a la revuelta en este momento. Los griegos micénicos se habían asentado en Chipre más de mil años antes, pero los persas conquistaron la isla en el 545 a. C. El rey chipriota Onésilo lideró la revuelta y los griegos jónicos enviaron barcos para ayudar. Pero Darío envió una flota fenicia para sofocar la rebelión, y se produjo una batalla simultánea por tierra y por mar. Los jónicos ganaron la batalla marítima, diezmando la armada persa. En la batalla terrestre, Onésilo mató al comandante persa Artibio, pero una facción del propio ejército de Onésilo lo mató a traición.

Darío envió a sus tres yernos y refuerzos persas para lanzar un contraataque múltiple contra Jonia. Su hermano Artafernes y el antiguo juez Ótanes dirigieron el cuarto ejército. Las exitosas campañas de estos ejércitos convencieron a Aristágoras para que escapara a Tracia, donde finalmente murió mientras atacaba una ciudad tracia. Mientras tanto, Histieo convenció a Darío para que le permitiera volver a Jonia, prometiendo que podría volver a alinear a todas las ciudades-estado.

Histieo tuvo que presentarse primero ante el hermano de Darío, Artafernes, en Sardes, quien le preguntó:

—¿Por qué se rebelaron los jonios?

—¡No puedo imaginarlo! —respondió Histieo, fingiendo no saber nada—. Me quedé boquiabierto cuando me enteré, como seguro que os pasó a ti.

Artafernes no cayó en la duplicidad de Histieo, que ya había investigado el estallido de la revuelta.

—Os diré lo que sé —respondió Artafernes a Histieo—. Tú cosiste el zapato que se puso Aristágoras.

Alarmado por este comentario, Histieo huyó de Sardes esa noche, se dirigió a la costa y cruzó a la isla de Quíos, una de las doce ciudades-estado griegas de Jonia. Como acababa de llegar de la corte de Persia, los habitantes de Quíos lo ataron, acusándolo de apoyar a Darío contra ellos. Cuando les convenció de su error, lo liberaron. Sin embargo, exigieron saber por qué había animado a Aristágoras a rebelarse, lo que había sumido a todas sus ciudades-estado en el caos.

Cuidando de no revelar lo que realmente sucedía, Histieo engañó a la gente de Quíos, diciéndoles que Darío estaba planeando implementar un programa de reubicación de la población. Dijo que Darío expulsaría a los fenicios de la costa del Líbano y los reasentaría en Jonia, mientras que expulsaría a los griegos de Jonia y los reasentaría en Fenicia. Por supuesto, este nunca fue el plan de Darío, pero los recientes acontecimientos en Peonia les hicieron creer que era posible.

Histieo envió cartas a algunos de los persas en Sardes que habían hablado antes de desertar del imperio. Por desgracia para Histieo, su mensajero las llevó directamente a Artafernes. Al darse cuenta de que se estaba preparando un golpe de estado, Artafernes le dijo al mensajero que llevara las cartas a los destinatarios y que luego le trajera sus respuestas. Una vez que tuvo pruebas de su traición, Artafernes ejecutó a los traidores, provocando una gran agitación en Sardes.

Cuando Histieo se enteró de que su planeado derrocamiento de Sardes había fracasado, navegó de vuelta a Mileto, pero su pueblo no estaba dispuesto a recibirlo. Se habían librado felizmente de Aristágoras y ahora disfrutaban del sabor de la democracia. Rechazado, Histieo volvió a Quíos. Necesitaba barcos, pero el pueblo no quería ayudarlo, así que se dirigió a Mitilene, en la gran isla jónica de Lesbos.

Los lesbios aceptaron ayudar, equipando a Histieo con ocho trirremes y navegando con él hasta el Helesponto (estrecho de los Dardanelos). El tráfico de barcos fluía desde el mar Egeo, a través del Helesponto, hasta el mar de Mármara, y luego a través del estrecho del Bósforo hasta el mar Negro. Quien controlaba cualquiera de los dos estrechos controlaba el prolífico comercio marítimo. Estacionados en el Helesponto, Histieo y los lesbios se apoderaron de todos los barcos que pasaban al Egeo a menos que las tripulaciones se unieran a sus fuerzas.

Mientras tanto, los persas estaban acumulando una enorme armada de fenicios, chipriotas, cilicios y egipcios. Se dirigían a Mileto, decidiendo que era el centro de la rebelión. Si lograban aplastar Mileto, la revuelta se desvanecería. Las ciudades-estado jónicas unieron sus armadas en una flota de 353 trirremes para enfrentarse a los seiscientos barcos de los persas.

La armada de la coalición jonia preocupaba a los persas. Aunque superaban ampliamente en número a los barcos griegos, los jonios tenían un gran conocimiento de los mares de la región. ¿Y si no podían derrotar a los jonios? Darío los acribillaría. Tal vez los tiranos jonios que habían sido expulsados de sus tronos por Aristágoras y habían desertado al lado persa podrían ayudar. Los persas reunieron a los antiguos tiranos.

«¡Hombres de Jonia! ¡Ahora es el momento de mostrar su lealtad a nuestro gran rey Darío! Volved a vuestras ciudades y convenced a vuestro pueblo de que se separe de la coalición jonia. Prometedles que, si se someten a Persia, no sufrirán ningún daño. Perdonaremos sus casas y templos, y todo será como antes de la rebelión. Pero decidles que, si no se rinden, los esclavizaremos, haremos eunucos a sus hijos, enviaremos a sus hijas a los harenes bactrianos, y su estado caerá bajo el dominio extranjero».

Los antiguos tiranos llevaron este mensaje a sus estados, pero los jonios se negaron a escucharlo. En su lugar, Dionisio, uno de los capitanes, les incitó: «¡Nuestro destino pende del filo de la navaja! Elegid ser libres o ser esclavos. Elegid aguantar las penurias, por ahora, para ganar la libertad. O persistir en el desorden y la pereza y sufrir la venganza de Darío».

Bajo el mando de Dionisio, los barcos griegos se entrenaron repetidamente en maniobras navales mientras esperaban a los persas. Pero después de siete días de extenuante entrenamiento bajo el ardiente sol, las tripulaciones estaban agotadas. «¡Fuimos unos tontos al hacer recaer este castigo sobre nosotros mismos!

Dionisio solo nos proporcionó tres barcos, ¡pero ahora actúa como el almirante de la flota! Si seguimos así, nos enfermaremos todos».

Así que, al octavo día, las tripulaciones se pusieron en huelga y se relajaron a la sombra en la isla, negándose a pisar sus naves para seguir entrenando. Este desorden hizo que los capitanes de Samos aceptaran la oferta persa de rendición. Al fin y al cabo, aunque derrotasen a esta primera flota persa, otra vendría detrás. Los recursos persas eran ilimitados, pero los suyos no. Más les valía garantizar la seguridad de sus templos y tierras.

En ese momento llegó la flota persa, y las tripulaciones jonias subieron a sus barcos y salieron a su encuentro en la formación practicada. Pero los barcos de Samos cambiaron bruscamente de rumbo y navegaron por el horizonte, de vuelta a Samos. Cuando los jonios vieron alejarse a los samios, hicieron lo mismo, y pronto solo quedó un tercio de la flota para enfrentarse a los seiscientos barcos de la armada persa. Al principio, los jonios lucharon con decisión, pero finalmente se rindieron y huyeron. El capitán Dionisio navegó hasta Sicilia, donde se convirtió en pirata, aunque nunca saqueó barcos griegos.

Tras ganar la batalla naval, los persas atacaron Mileto, haciendo un túnel bajo las murallas y derrumbándolas. Se llevaron a toda la población a Persia, pero Darío los trató con amabilidad y les dio la ciudad de Ampe en el golfo Pérsico. Los habitantes de Samos, enfadados porque su armada había abandonado la batalla, prefirieron emigrar antes que estar bajo el dominio de Persia. Aceptaron la invitación de los griegos de Sicilia para establecer una nueva colonia en su isla.

Histieo seguía en el Helesponto, interceptando barcos y reclutando a las tripulaciones. En cuanto se enteró de la debacle naval, Histieo navegó con las naves lesbias hasta Quíos y requisó la isla hasta que se enteró de que la flota persa estaba navegando en esa dirección. Escapó a tierra firme, pero allí fue capturado por los persas. Artafernes lo ejecutó en Sardes y envió su cabeza a Darío, que lamentó su muerte, aún ajeno a la traición de Histieo.

En la primavera siguiente, en el 492 a. C., furioso con Atenas y Eritrea por interferir en su guerra y unirse al saqueo de Sardes, Darío envió a su pariente cercano, el general Mardonio, para que se vengara. Atravesando Jonia con su fuerza naval y su ejército terrestre, Mardonio expulsó a todos los tiranos que quedaban y estableció democracias en las ciudades-estado. Volvió a consolidar el dominio persa sobre Tracia y Macedonia, y luego zarpó hacia el sur de Grecia para atacar Atenas y Eritrea.

Pero una violenta tormenta destrozó trescientos de sus barcos y mató a más de veinte mil hombres. Mientras Mardonio marchaba con su ejército terrestre, la tribu Byrgi de Tracia atacó. Mardonio logró someter a los byrgi, pero su ejército estaba en mal estado. Se retiró con dificultad a Persia; sin embargo, Darío tenía ahora a Jonia, Tracia y Macedonia bajo un control aún más firme. No había terminado con Grecia, Darío reconstruiría su flota y navegaría de vuelta a Grecia en dos años.

Capítulo 6: La primera campaña contra Grecia

El rey Darío paseaba por la playa, observando cómo los fenicios reconstruían su flota de barcos y disfrutando de la brisa del Mediterráneo. Había encargado 600 trirremes nuevas y suficientes barcos de transporte para llevar 10.000 caballos y suministros para sus 200.000 soldados de infantería. Los fenicios le dijeron que tardaría dos años en construir tantos barcos, y se alegró al ver que, después de un año, el proyecto iba por delante de lo previsto.

Mientras tanto, Darío quería tantear el terreno con Grecia, ya que necesitaba saber dónde estaban los resistentes más fuertes. Al igual que Jonia, Grecia no era un país unificado, sino un conjunto de ciudades-estado independientes que luchaban constantemente entre sí. Pero ahora, Grecia se enfrentaba a la mayor amenaza exterior que había encontrado desde que salió de su Edad Media tres siglos antes.

Darío ya había despachado a sus enviados a las ciudades portuarias diseminadas por su imperio, exigiéndoles más barcos y caballos. Ahora, envió a sus emisarios por toda Grecia, visitando cada ciudad-estado prominente y exigiendo «tierra y agua», lo que significaba la sumisión incondicional a Persia. A la vuelta de sus emisarios, se alegró al saber que todas las ciudades griegas estaban de acuerdo en someterse a Persia. Es decir, todas excepto Atenas y Esparta.

Darío estaba furioso. ¡Otra vez Atenas! Esos atenienses debían ser castigados. Primero, ellos y los etrios habían interferido en la revuelta jónica, enviando barcos y hombres; incluso se unieron al saqueo de Sardes. Cuando se dirigiera a Grecia, atacaría primero esas dos ciudades. Derribaría sus murallas, quemaría las ciudades hasta los cimientos y esclavizaría a toda la población. ¿Y Esparta? También se negó a someterse a Persia, pero al menos se había negado a ayudar a la revuelta jónica. El destino de Esparta se decidiría más tarde. Podrían ser útiles para desestabilizar a Atenas.

Mientras tanto, los atenienses estaban preocupados por las ciudades griegas que habían capitulado ante Darío. Esos traidores no harían nada para resistir una invasión persa. Lo que es peor, podrían unirse a los persas para atacar a Atenas. Los atenienses estaban especialmente indignados por los egipcios de Egina, una isla en el golfo Sarónico entre Atenas, en la península del Ática, y el Peloponeso, donde se encontraba Esparta. Los persas podían utilizar esa isla como plataforma de lanzamiento para atacar ambas ciudades.

Atenas informó a Esparta de que Egina se había sometido a Persia. Normalmente, Atenas y Esparta eran rivales acérrimos, pero en este caso, cooperaron contra su enemigo mutuo. Cleómenes, que aún era rey de Esparta, viajó a Egina para disciplinar a los egipcios, pero estos se mostraron descarados y exigieron saber por qué el otro rey no lo acompañaba. El «otro rey» era Demarato; Esparta tenía un sistema de dos reyes gobernando simultáneamente, cada uno descendiente de gemelos que cogobernaban en la antigüedad.

El rey Demarato se había quedado atrás, provocando una insurrección contra Cleómenes en su ausencia. Cuando Cleómenes regresó, tomó represalias cuestionando la legitimidad de Demarato: ¿era el anterior rey, Aristón, realmente el padre biológico de Demarato? Aristón había robado a la esposa de su amigo, y Demarato nació siete meses después. Aristón sospechaba que Demarato debía ser el hijo de su amigo, no el suyo. Sin embargo, guardó silencio y crio a Demarato como su hijo biológico porque no tenía más hijos.

El rey Cleómenes conspiró con Leotíquidas, un miembro de la familia de Demarato, para que diera testimonio de que Demarato no podía ser el hijo biológico de Aristón. Esto hizo que Demarato perdiera su trono y desertara ante Darío el Grande. Leotíquidas se convirtió en el siguiente rey, cogobernando con Cleómenes. Una vez resuelta la cuestión de la realeza, los coreyes Cleómenes y Leotíquidas viajaron juntos a Egina para hacer frente a la insubordinación de la isla.

Como los dos reyes llegaron juntos, los egipcios consideraron que esta vez era mejor cumplir. Los reyes espartanos eligieron a sus diez nobles más ricos para llevarlos a Atenas como rehenes para asegurarse de que no cooperarían con los persas en un ataque naval. Los reyes regresaron a Esparta, pero Cleómenes, que había luchado con una enfermedad mental durante años, se volvió completamente psicótico, golpeando a todos los que estaban a su alcance con su cetro. Su familia lo encerró, pero consiguió un cuchillo y comenzó a hacerse daño, cortándose las piernas y luego el vientre hasta que finalmente se desangró y murió[26].

Mientras tanto, Darío se preparaba para poner en marcha su armada, nombrando a dos nuevos generales: un medo llamado Datis y Artafernes, hijo de su hermano. Los seiscientos trirremes y los barcos de transporte que las acompañaban zarparon de Cilicia y navegaron hacia Jonia. En lugar de bordear el continente, navegaron directamente por el mar Egeo a través de las Cícladas con la esperanza de evitar tormentas como la que destruyó la última expedición.

Naxos aún no había sido conquistada, y la mayoría de sus habitantes huyeron a las montañas, pero los persas quemaron su ciudad y esclavizaron a todos los que pudieron encontrar. Mientras Artafernes ultimaba los asuntos en Naxos, Datis navegó hasta la cercana isla de Delos, el mítico lugar de nacimiento de Apolo. La gente huyó, pero Datis les aseguró que no pretendía hacer daño a la isla sagrada ni a la gente, y ofreció incienso en el altar de sacrificios.

Datis navegó por las Cícladas, reclutando hombres de las islas para su ejército. Algunos isleños se negaron, no queriendo luchar contra sus compatriotas griegos de Eretria y Atenas, pero Datis arrasó sus campos hasta que accedieron. Abandonando las Cícladas, navegaron por el golfo Sur de Eubeo hacia Eretria. Justo

---

[26] Herodoto, *Las Historias: Libro sexto*.

después de que Datis abandonara Delos, un terremoto sacudió la isla por única vez en la historia conocida. Los griegos lo consideraron un presagio de la muerte inminente. Heródoto señaló que, en los reinados de Darío, su hijo Jerjes y el hijo de este, Artajerjes, los griegos sufrieron más calamidades que en las veinte generaciones anteriores.

A medida que la armada persa se acercaba, los etruscos enviaron desesperadamente mensajes a Atenas en busca de ayuda. Los atenienses enviaron cuatro mil campesinos con cierta formación militar. Los eritreos se preocuparon por la mejor manera de actuar. La mayoría planeaba abandonar la ciudad y huir a las alturas del monte Olimpo, pero otros planeaban la traición, esperando una recompensa de los persas. Nadie parecía dispuesto a mantener su posición y defender la ciudad. Esquines, un líder de la ciudad, envió a los atenienses de vuelta a casa. «Nadie aquí planea luchar. ¿Por qué deberían morir?».

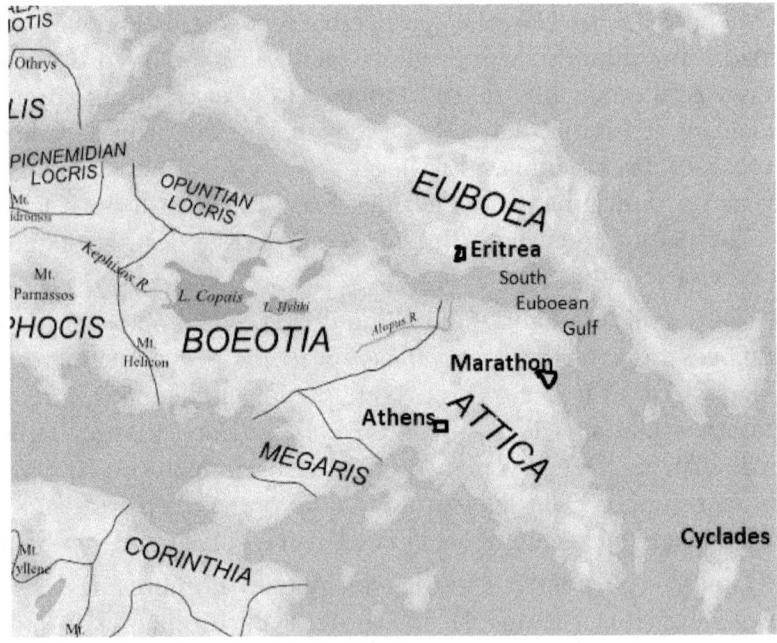

Los persas navegaron desde las Cícladas por el golfo Sur de Eubeo hasta Eretria
Foto modificada: recortada y con etiquetas añadidas. Crédito: Usuario: *MinisterForBadTimes, CC BY-SA 2.5* <*https://creativecommons.org/licenses/by-sa/2.5*>, *vía Wikimedia Commons;*
https://commons.wikimedia.org/wiki/File:Ancient_Regions_Central_Greece.png

Los persas llegaron a Eretria, desembarcaron sus caballos y se prepararon para la batalla. Pero los eritreos permanecieron encerrados dentro de las murallas de su ciudad. Tras siete días de asedio, dos eritreos traicionaron su ciudad abriendo una puerta a los persas. Entraron a raudales, saquearon la ciudad e incendiaron los templos en venganza por el saqueo e incendio de los lugares sagrados de Sardes. Siguiendo la orden de Darío, los persas esclavizaron a la población. A los pocos días, los persas volvieron a navegar por el golfo Sur de Eubeo hacia Atenas, su siguiente objetivo, seguros de que obtendrían una victoria similar.

Con los persas dirigiéndose hacia ellos, los atenienses enviaron a Filípides, un corredor de larga distancia, a Esparta para comunicarles que Eritrea había caído en manos de los persas. Los espartanos accedieron a la petición de ayuda de los atenienses, pero no pudieron acudir inmediatamente. Estaban celebrando la Carnea, un festival, y no podían ir a la guerra hasta que la luna estuviera llena. Sin embargo, los habitantes de Platea, una ciudad al norte de Atenas, enviaron un ejército de mil personas a los atenienses. Incluso con estos refuerzos, los persas seguían superando ampliamente a los griegos, pero los atenienses tenían algunos trucos bajo la manga.

Elegir las batallas es siempre una buena idea, pero elegir el campo de batalla puede ser igualmente crítico. Cuando los atenienses eligieron su campo de batalla, tenían varias variables en mente. Podrían haber esperado a que los persas llegaran a Atenas. En su lugar, marcharon veinticinco millas a través de la península para encontrarse con los persas en Maratón, en el golfo Sur de Eubeo. Sabían algunas cosas sobre la disposición del terreno que los persas desconocían.

Los persas habían anclado en Maratón y planeaban atravesar a caballo el valle entre las montañas para llegar a Atenas y asediarla. Esta era la ruta más rápida desde Eretria a Atenas, y no tendrían que arriesgarse a las tormentas navegando en mar abierto y rodeando la península. Se asustaron un poco al ser recibidos por los atenienses, pero se encogieron de hombros. Una batalla por tierra sería más rápida que asediar la ciudad.

Los atenienses llevaron la batalla al terreno pantanoso y montañoso de Maratón

Seisma, CC BY-SA 4.0 <https://creativecommons.org/licenses/by-sa/4.0>, vía Wikimedia Commons; https://commons.wikimedia.org/wiki/File:Marshlands_of_Marathon,_with_Pentelikon_mountains_in_the_background.jpg

El terreno alrededor de Maratón era pantanoso y estaba salpicado de pozos de barro que podían tragarse a un hombre. Los dedos de las montañas se extendían hasta la orilla. Los persas, que eran expertos jinetes, habían planeado utilizar su caballería, pero los caballos no podían maniobrar bien. Se quedaban atascados en el pantano o tenían que trepar por crestas y zonas boscosas. Los atenienses no utilizaban caballos; luchaban a pie.

Los griegos se alinearon en su famosa formación de falange. Las filas de soldados se colocaban hombro con hombro, sujetando sus escudos de forma que se superpusieran ligeramente a ambos lados con sus largas lanzas extendidas. Tenían al menos tres filas de hombres detrás de la primera fila, y los que estaban detrás empujaban a los de delante con sus escudos. Era como una gigantesca excavadora con lanzas de dos metros que se extendían, aplastando y empalando al enemigo.

Como los griegos conocían el terreno, establecieron su formación para obtener la mejor ventaja posible: una línea de soldados de una milla de largo en una cresta alejada de los pozos de barro. Era la primera vez que los griegos se enfrentaban a los persas; antes se habían rendido inmediatamente o se habían dado la vuelta y habían huido. Los persas miraron a la escasa fuerza griega y se rieron. «¡Estos locos atenienses! No tienen caballos ni arqueros, y solo tienen un puñado de hombres. ¡Están chiflados!».

Normalmente, los hombres de una formación de falange realizaban una marcha mesurada por el campo de batalla y rompían a correr a menos de quince metros del enemigo. Pero los atenienses corrieron a toda velocidad toda la milla por la cresta y a través de la pequeña llanura para chocar con los persas. Los persas se vieron sorprendidos por su velocidad, y sus arqueros apenas lograron disparar una o dos salvas antes de que los griegos estuvieran sobre ellos.

El centro de la línea griega era delgado, con solo cuatro hombres de profundidad, pero con ocho hombres de profundidad en sus flancos izquierdo y derecho. Las fuerzas persas atravesaron el centro, pero los atenienses cerraron la brecha detrás de ellos, aislando a los persas del resto de su ejército. Los griegos de los flancos flanquearon a los persas y los rodearon por detrás. Los persas nunca se habían enfrentado a las maniobras de falange y estaban desorientados y asustados.

Finalmente, las tropas persas se dieron la vuelta y corrieron a toda prisa. Desesperados, algunos corrieron hacia los pantanos para ser engullidos en los pozos de barro. Los atenienses los siguieron, pero sortearon el lodazal y redujeron a los que lograron atravesar el pantano hasta llegar a la playa. La mayor parte del ejército persa se lanzó en una frenética carrera hacia la playa, seguido por los implacables griegos que los abatieron por la espalda.

Los atenienses se lanzaron al mar tras los persas que huían y prendieron fuego a algunos de los barcos, capturando siete naves. El resto de los barcos se alejaron con los persas que habían conseguido subir a bordo. Los griegos contaron 6.400 cadáveres persas en el campo de batalla ese día, sin incluir el número desconocido de los que se hundieron en el fango, sin que se los volviera a ver. Los atenienses solo sufrieron 192 bajas, y los plateos perdieron 11.

El Túmulo de los atenienses es un túmulo para los 192 atenienses que perecieron en la batalla de Maratón.

Dgcampos, CC BY-SA 3.0 <https://creativecommons.org/licenses/by-sa/3.0/>, vía Wikimedia Commons; https://commons.wikimedia.org/wiki/File:Tumulusmarathon.JPG

Los persas habían dejado a los eritreos esclavizados en una isla del golfo. Sus barcos restantes navegaron hasta la isla para recoger a los eritreos y luego se dirigieron al sur. Los atenienses que estaban celebrando en la orilla se dieron cuenta de repente de su plan. Los persas navegarían alrededor de la península del Ática y luego subirían al golfo Sarónico hasta llegar a Atenas. Ahora era el turno de los griegos de entrar en pánico. ¿Y si la armada persa llegaba a Atenas antes de que ellos pudieran recorrer las veinticinco millas a pie?

A pesar del cansancio de la prolongada batalla del día, los atenienses corrieron las veinticinco millas hacia Atenas, avanzando a trompicones en la oscuridad al caer la noche. Lograron volver a su ciudad al día siguiente, antes de que los barcos persas la alcanzaran. El ejército griego acampó en el santuario de Heracles y, cuando la flota persa entró en el golfo Sarónico, pudo ver las hogueras que ardían en lo alto de los acantilados. Los persas levaron anclas frente al Pireo, el puerto de Atenas, y consideraron sus opciones.

Realmente no tenían ninguna. Los espartanos podían aparecer en cualquier momento, lo que hacía inviable un asedio. Después de flotar en alta mar, los persas levaron anclas bruscamente y navegaron a casa. Al día siguiente, los espartanos finalmente marcharon, ya que ahora era luna llena. Llegaron demasiado tarde para ayudar a luchar, pero se quedaron extasiados al enterarse de la gran victoria y quisieron ver el campo de batalla y los cadáveres persas. Después, felicitaron a los atenienses por su extraordinaria victoria y se dirigieron a casa.

Entre los diez generales griegos que dirigían las fuerzas atenienses estaba Milcíades, el ingenioso innovador de las estrategias utilizadas en Maratón. Aunque estaba satisfecho con la victoria de la infantería ateniense, Milcíades se dio cuenta de que era fundamental que Atenas reforzara su armada; al fin y al cabo, los persas acabarían volviendo. Otro general, Temístocles, uno de los ciudadanos más importantes de Atenas, también promovió el aumento de la armada ateniense. Se construyeron doscientos trirremes nuevos. A partir de ese momento, Atenas sería conocida por su casi indomable armada.

Cuando los generales persas Datis y Artafernes llegaron a Persia, tuvieron que enfrentarse a la ira del rey Darío. Pero al menos tenían a los eritreos que habían esclavizado. El ejército los hizo marchar por tierra, a través del desierto, hasta el palacio de Darío en Susa. Darío se había enfurecido cuando Eretria y Atenas atacaron Sardes y apoyaron la revuelta jónica. Pero cuando vio a los hombres, mujeres y niños de Eretria, agotados y cansados tras su viaje de meses, solo sintió compasión. Los reubicó en su finca de Ardericca, en la fértil región de Cisia, donde vivieron durante el resto del Imperio aqueménida, conservando su dialecto y sus costumbres griegas.

Darío se enfureció por la catastrófica derrota de Maratón y se empeñó aún más en borrar a Atenas de la faz de la tierra. Inmediatamente comenzó los preparativos para una nueva invasión. Subió los impuestos, ordenó la construcción de nuevos barcos y reunió hombres, caballos y provisiones. El Imperio persa estuvo inmerso en los preparativos durante tres años, pero entonces los egipcios se rebelaron, dejando a Darío con dos frentes contra los que marchar.

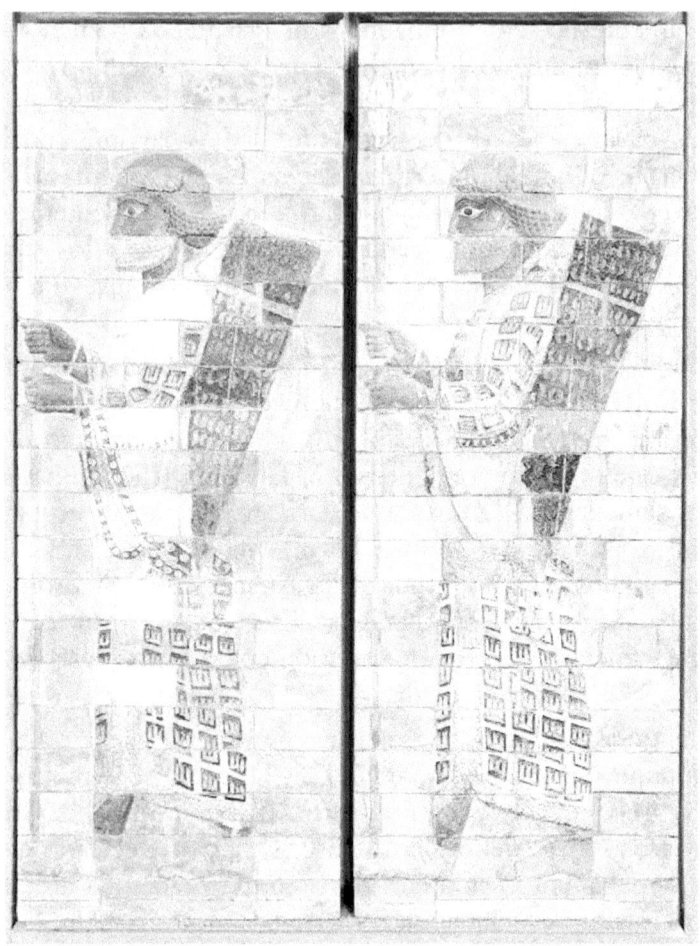

Este friso del palacio de Darío I en Susa representa a arqueros persas de élite
*Carole Raddato de FRANKFURT, Alemania, CC BY-SA 2.0
<https://creativecommons.org/licenses/by-sa/2.0>, vía Wikimedia Commons;
https://commons.wikimedia.org/wiki/File:Frieze_of_Archers_from_the_Palace_of_Darius_I_in_Susa,_Achaemenid_Persian_Period,_reign_of_Darius_I,_c._510_BC,_Louvre_Museum_(12251246605).jpg*

Darío planeaba dirigir él mismo sus ejércitos esta vez, primero a Egipto y luego a Grecia. Sin embargo, tenía que resolver la cuestión de la sucesión. ¿Cuál de sus hijos le sucedería si él moría en el campo de batalla? Tenía tres hijos de su primera esposa y cuatro hijos de su segunda esposa, Atossa, hija de Ciro el Grande. Aunque su hijo Artabazanes era el mayor de todos sus hijos, nombró príncipe heredero a Jerjes, el hijo mayor de Atossa. Era el nieto de Ciro el Grande, el héroe de los persas; nadie desafiaría el linaje de Jerjes como descendiente de la dinastía aqueménida.

Antes de que Darío pudiera dirigir sus ejércitos a la guerra, murió inesperadamente después de reinar durante treinta y seis años. Jerjes no tenía especial interés en invadir Grecia, ya que consideraba que el asunto egipcio era más prioritario. ¿Por qué perder las ricas y fértiles tierras egipcias que su tío Cambises se había esforzado en conquistar? Pero el general Mardonio, primo de Jerjes, lo convenció poco a poco de seguir con los planes de su padre para Grecia.

«No podemos dejar que se salgan con la suya en esta parodia. Tenemos que lidiar con Egipto primero, pero debemos ir tras Atenas para salvar la cara. Si aplastamos esa ciudad en el polvo, ningún otro país se atreverá a atacarnos. Y pensad en toda la riqueza que nos aportará Grecia. Tienen olivos y árboles frutales de todo tipo. ¡Solo alguien tan grande como tú es digno de poseer una tierra tan hermosa!».

Y así, Jerjes comenzó a tramar su propia invasión de Grecia, decidido a triunfar donde su padre había fracasado.

Capítulo 7:
La campaña de Jerjes I

El rey Jerjes tuvo un problema con un fantasma.

Al año siguiente de la muerte de su padre, marchó sobre Egipto y sofocó la revuelta, luego colocó a su hermano Aquémenes como sátrapa de Egipto. Ahora era el momento de cumplir el deseo de su padre de arrasar Atenas, así que convocó a su consejo de guerra para discutir los planes[27].

—Tengo la intención de lanzar un puente sobre el estrecho de los Dardanelos, marchar hacia Grecia y vengarme de Atenas por sus acciones diabólicas contra Persia y mi padre. ¡No descansaré hasta que Atenas arda hasta los cimientos! Entonces extenderemos el Imperio persa a Europa hasta donde llegue el cielo. Pondremos a toda la humanidad bajo nuestro yugo y seremos el imperio sobre el que nunca se ponga el sol.

Los persas se sentaron en un silencio aturdido, temiendo decir algo hasta que el tío de Jerjes, Artabano, se atrevió a hablar:

—Advertí a mi hermano Darío acerca de la lucha contra los escitas, pero lo hizo de todos modos y perdió a algunos de sus más valientes guerreros. Los escitas, por muy feroces que sean, palidecen en comparación con los griegos. Y solo llegar a Grecia presenta todo tipo de peligros. No hay que olvidar la horrible

---

[27] Herodoto, *Las Historias: Libro Siete.*

tormenta que diezmó la flota de Darío y las tribus sedientas de sangre que atacaron al ejército de Mardonio. ¡Y ahora, los atenienses han reforzado su armada! Podrían derrotarnos en el mar o destruir nuestro puente sobre el Helesponto. Ya nos libramos por poco de la catástrofe cuando vuestro padre tendió el puente sobre el Bósforo.

—Artabano, sois el hermano de mi padre, pero sois un cobarde. No te necesitamos para luchar contra los griegos; podéis quedaros aquí con las mujeres. Os digo que si no atacamos primero, los griegos *nos* invadirán. ¡No hay término medio: o invadimos o nos invaden! —respondió Jerjes.

A pesar de su valentía, Jerjes reconsideró las palabras de su tío en su cama esa noche. Su tío tenía razón; era una temeridad invadir Grecia. Pero cuando se durmió, vio un fantasma que le preguntó:

—¿De verdad has cambiado de opinión, persa? Tenéis que seguir tu plan original.

Sin embargo, al día siguiente, Jerjes convocó su consejo de guerra.

—¡Hombres! Ayer hablé precipitadamente y no le di a mi tío el respeto que se merece. He cambiado de opinión sobre la invasión de Grecia.

Esa noche, el fantasma apareció de nuevo.

—¡Sabed esto! ¡Si *no* marcháis hacia Grecia, sufriréis una catástrofe!

Aterrorizado, Jerjes saltó de la cama y llamó a su tío Artabano.

—Me persigue un fantasma que me amenaza con hacer daño si no marcho a Grecia. Tal vez sea solo un sueño de mi propia imaginación. Vamos a probarlo. Acostaos en mi cama. Si la palabra es de Dios, también veréis al fantasma.

Entonces, Artabano se fue a dormir a la cama de su sobrino, y el fantasma se le apareció diciendo:

—¡Tú! Simuláis preocuparos por Jerjes, advirtiéndole sobre el ataque a los griegos. No os libraréis del juicio: ni ahora ni en el más allá.

Mientras el fantasma intentaba sacarle los ojos a Artabano con un atizador al rojo vivo, este gritó y corrió hacia Jerjes.

—¡He cambiado de opinión! El destino lo ha ordenado. ¡Marchad a Grecia!

Jerjes era un planificador meticuloso y pasó cuatro años preparando su asalto a Grecia. Las naciones de todo su imperio le proporcionaron lo necesario: buques de guerra, barcos de transporte, caballos, un millón de hombres y provisiones. Ordenó a sus ingenieros que realizaran dos hazañas asombrosas. La primera fue la construcción de un puente sobre el Helesponto (estrecho de los Dardanelos), donde Asia se encuentra con Europa, entre el mar Egeo y el mar de Mármara.

El Helesponto tiene tres cuartos de milla de ancho y trescientos pies de profundidad en su punto más estrecho; construir un puente tradicional con pilotes sobre aguas tan profundas era imposible. En su lugar, sus ingenieros amarraron 674 barcos. Colocaron tablones de madera sobre las cubiertas de los barcos, formando dos vanos por los que marcharía el ejército de Jerjes. Tardaron meses, pero terminaron justo cuando Jerjes los alcanzó en el 480 a. C. con su ejército de un millón de hombres de todas las naciones del Imperio aqueménida.

Justo entonces, una violenta tormenta azotó la región, agitando el agua y astillando el puente. Jerjes se puso furioso. Decapitó a sus ingenieros e incluso ordenó a sus hombres que dieran trescientos latigazos al agua y la marcaran con hierros al rojo vivo. El contratiempo obligó al ejército de gran tamaño a invernar en Sardes mientras reconstruía el puente. Algunos de sus oficiales debieron preguntarse por qué no utilizaron los 674 barcos para transportar a los hombres; ¿por qué tenían que cruzar *a pie*?

Finalmente, sus trabajadores fenicios volvieron a construir el puente y el ejército de un millón de hombres de Jerjes cruzó a pie; tardó siete días y siete noches. Mientras tanto, la flota de 1.200 barcos navegaba por la costa del Egeo. La segunda maravilla de ingeniería de Jerjes fue un nuevo pasaje para las naves. Años antes, una horrible tormenta había devastado la flota de su padre en su primer intento de invasión de Grecia mientras navegaban por la península de Atos. La forma en que Jerjes resolvió ese problema fue navegando a través de la península; sus hombres habían estado trabajando durante tres años, construyendo un canal de una milla a través de la franja de tierra. Una vez más, algunos de sus hombres debieron rascarse la cabeza. ¿Por qué perder tres años construyendo un canal? Los barcos aún tendrían que navegar por el mar Egeo para llegar a Atenas o Esparta. ¿No había tormentas allí también?

Jerjes condujo su colosal ejército terrestre desde el Helesponto hasta Tracia, luego a través de Tesalia y hasta Grecia. Las ciudades-estado griegas no ofrecieron ninguna resistencia al ejército persa hasta que llegaron a las rocas de Traquinia, que eran unas montañas escarpadas e inaccesibles que cerraban el paso a Atenas y Esparta en el sur de Grecia. Por lo que sabían los persas, el único camino era el paso de las Termópilas, pero unos seis mil griegos impedían su entrada. Sin embargo, ¿qué podían hacer seis mil guerreros contra una fuerza de un millón?

Una vez más, Esparta y Atenas se habían aliado para enfrentarse a su enemigo común, y Tebas, Arcadia, Corinto y otras ciudades griegas se unieron a ellos. Liderados por el rey Leónidas de Esparta, los griegos bloquearon el estrecho paso de montaña que protegía el sur de Grecia. El paso costero era estrecho: solo dieciséis pies de ancho desde la costa pantanosa del golfo de Malí hasta los escarpados acantilados del monte Kallidromo, y se extendía cuatro millas. Las ruinas de una antigua muralla defensiva se extendían desde la montaña hasta el mar, que los griegos habían apuntalado rápidamente como pudieron antes de la llegada de los persas.

El rey Jerjes marchó hacia el valle, observó las altas montañas y la pequeña fuerza griega, y se sentó a esperar. Los griegos huyeron horrorizados una vez que comprendieron la cantidad de hombres que se alineaban detrás de Jerjes. Pasaron cuatro días y los espartanos se mantuvieron firmes. Jerjes llamó a Demarato, el antiguo rey espartano que había desertado a Persia tras ser destronado por su rumoreada ilegitimidad.

—¿Qué están haciendo estos locos espartanos? —preguntó Jerjes.

"Ya os he hablado de ellos: son los mayores guerreros de Grecia. Si podéis ganar esta batalla, ningún otro griego se enfrentará a vosotros".

Entonces, Jerjes mandó a sus enviados a la coalición griega. Ellos transmitieron su mensaje: «Esta es vuestra última oportunidad para evitar el derramamiento de sangre. Simplemente deponed las armas».

Leónidas arremetió:

—¡Venid por ellas!

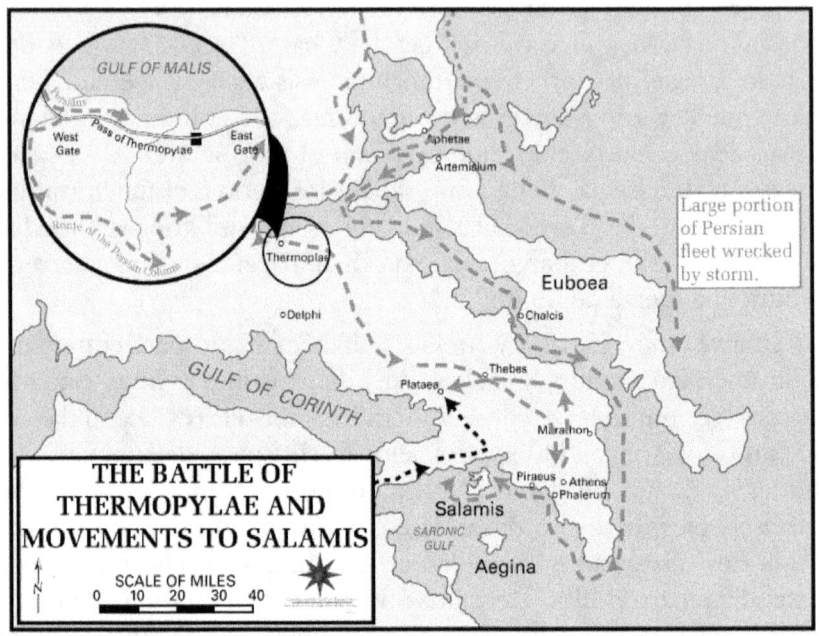

Este mapa muestra la trayectoria del ejército terrestre y la armada de Jerjes
https://commons.wikimedia.org/wiki/File:Battle_of_Thermopylae_and_movements_to_Sa lamis,_480_BC.gif

Normalmente, seis mil guerreros contra un millón estarían condenados. Sin embargo, el espacio reducido y la muralla existente permitieron a los griegos bloquear completamente la entrada al paso utilizando la formación de falange. De pie, hombro con hombro, con sus escudos ligeramente superpuestos y miles de compañeros detrás de ellos, los espartanos, rígidamente disciplinados, mantuvieron la línea. Si un hombre caía, otro ocupaba rápidamente su lugar.

La táctica de batalla habitual de los persas consistía en disparar salvas de flechas, tantas que oscurecían el cielo, seguidas de una carga de caballería. Pero los griegos llevaban cascos y armaduras de bronce y sostenían pesados escudos de bronce. Los hombres de la primera fila se situaban detrás de la antigua muralla defensiva y se protegían la cara y el pecho de las flechas con sus escudos. Los hombres de detrás formaban un techo de bronce con escudos superpuestos que las flechas no podían atravesar. Las largas lanzas que sobresalían de la primera fila de griegos mantenían a raya a los soldados de a pie persas con sus dagas y hachas de combate, ya que solo tenían escudos de mimbre para protegerse. La muralla en ruinas que se extendía hasta el mar impedía que los caballos de los persas cargaran. Los seis mil griegos resistieron con éxito al ejército persa durante dos días, incluso a los diez mil Inmortales Persas de élite fuertemente armados.

Pero al tercer día, un traidor griego reveló un camino alternativo utilizado por los pastores. Era demasiado estrecho para una gran división, pero Jerjes envió un regimiento a la montaña para atacar a los griegos por la retaguardia. Leónidas los vio venir y envió un pelotón para contenerlos, manteniendo otro contingente para seguir bloqueando el paso principal. Luego ordenó al resto del ejército que se retirara a un lugar seguro. Necesitaban seguir vivos para luchar en la siguiente batalla. El rey Leónidas y sus 1.400 hombres restantes se enfrentaron a las hordas persas, sacrificándose hasta el último hombre para que el resto del ejército pudiera escapar.

Mientras griegos y persas luchaban en las Termópilas, la flota persa de 1.200 barcos navegaba hacia Grecia. Anticipando un ataque naval, la recién renovada armada ateniense de doscientos barcos, combinada con los buques de sus aliados, navegó hacia el mar Egeo para bloquear a los persas. En el lado persa, la reina Artemisia de Halicarnaso (una colonia griega en la costa de Turquía occidental) comandaba cinco trirremes.

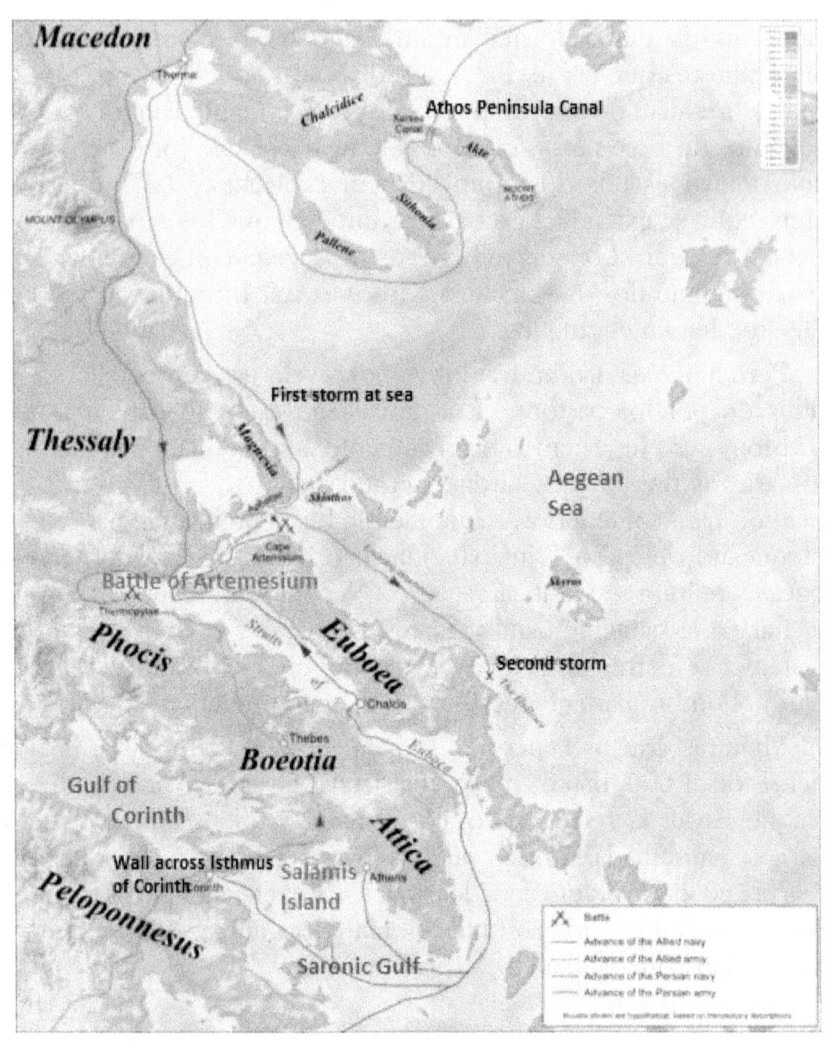

El mapa traza la flota de Jerjes a lo largo de la costa de Grecia

Foto modificada: etiquetas añadidas. Crédito: Aegean_Sea_map_bathymetry-fr.svg: Eric Gaba (Sting - fr:Sting)obra derivada: MinisterForBadTimes, CC BY-SA 3.0 <https://creativecommons.org/licenses/by-sa/3.0>, vía Wikimedia Commons; https://commons.wikimedia.org/wiki/File:Thermopylae_%26_Artemisium_campaign_map.png

La flota persa navegó sin incidentes por el canal de una milla recién construido por Jerjes a través de la península de Atos, pero todavía tenían que navegar por el mar Egeo para llegar a Grecia. Y fue entonces cuando una tormenta azotó la costa norte griega de Magnesia, hundiendo un tercio de sus barcos. La armada ateniense y parte de la corintia estaban acantonadas en el estrecho de

Artemisio, impidiendo la entrada al golfo Eubeo. Se rieron cuando se enteraron de que una tormenta había pulverizado a la flota persa. Se rieron aún más cuando volvió a ocurrir frente a la costa de Eubea, haciendo naufragar otros doscientos barcos persas. Después de tres años de construcción de un canal, ¡Jerjes perdió la mitad de su flota!

Temístocles comandaba la armada ateniense, que se enfrentó a la mitad restante de la flota persa en el estrecho de Artemisio. A pesar de que los persas perdieron la mitad de sus barcos, seguían siendo más numerosos que los atenienses y corintios. Pero no contaban con la innovadora táctica naval de los atenienses. Los griegos formaron un círculo con sus barcos, con las popas juntas y las proas hacia fuera, inexpugnables al ataque. Entonces, varios barcos griegos lanzaron ataques inesperados contra la flota persa, consiguiendo capturar treinta trirremes. Al caer la noche, los dos bandos se retiraron. Los persas estaban inquietos; no era la victoria fácil que esperaban.

El segundo día, los griegos volvieron a imponerse. Sin embargo, al tercer día, los persas lograron la ventaja cuando los marineros egipcios capturaron cinco barcos griegos y dañaron la mitad de los barcos restantes de los atenienses. Aunque ambos bandos sufrieron pérdidas, la pequeña armada griega no podía permitirse perder muchos barcos. Fue entonces cuando recibieron la noticia de que los persas habían derrotado a la coalición espartana en el paso de las Termópilas y que estaban entrando en el sur de Grecia.

La flota griega giró bruscamente y navegó a toda velocidad hacia la isla de Salamina en el golfo Sarónico, a una milla del puerto de Atenas, el Pireo. Necesitaban proteger su ciudad. Los atenienses ya habían comenzado a evacuar a los ciudadanos a la isla de Salamina, y la armada ateniense ayudó a poner a salvo a los ciudadanos restantes en Salamina. Las flotas corintia y espartana también atracaron en Salamina. En los días siguientes llegaron más barcos de toda Grecia y Macedonia.

Jerjes marchó a Atenas, encontrándola casi vacía. Sus fuerzas saquearon la antigua ciudad, matando a los griegos que quedaban y quemando los exquisitos templos de la Acrópolis. La mayoría de los ciudadanos de Atenas estaban fuera de su alcance en la isla de Salamina, por lo que Jerjes decidió marchar hacia Esparta, en la península del Peloponeso. Pero para llegar al Peloponeso, tuvo que cruzar el istmo de Corinto. Los espartanos y otros peloponesos se habían anticipado a este movimiento y habían construido una muralla fuertemente fortificada de seis kilómetros desde el golfo Sarónico hasta el golfo de Corinto. Exasperado, Jerjes acampó y se preparó para asediar la muralla corintia.

La coalición espartana y ateniense celebró un consejo de guerra en la isla de Salamina. Los atenienses estaban a salvo en la isla, pero Esparta y el resto del Peloponeso estaban en gran peligro. ¿Cuánto tiempo podrían los corintios y los espartanos mantener el istmo de Corinto contra el ejército de un millón de hombres de Persia? Era solo cuestión de tiempo que los persas se abrieran paso y arrasaran todas las ciudades-estado del Peloponeso.

—Tenemos que alejar a Jerjes del muro —dijeron los espartanos—. ¿Pero cómo?

Temístocles, el astuto comandante naval de Atenas, se inclinó hacia adelante.

—¡Lo traeremos aquí! Lo atraeremos a una batalla naval contra Salamina.

Los otros líderes militares atenienses protestaron.

—¡Pero nuestras mujeres y niños están aquí! ¡No tenemos muros de protección! Su armada es más grande que la nuestra. Esto es una locura.

Temístocles sonrió.

—No os preocupéis; tengo un plan. Los persas nunca pondrán un pie en esta isla. Puede que la armada persa sea más fuerte en mar abierto, pero nuestros capitanes de barco son hábiles navegantes en confines estrechos. Prepararemos una emboscada para su armada.

Los espartanos y atenienses eran un poco escépticos, pero confiaban en los instintos de Temístocles. Ahora, Temístocles necesitaba preparar el cebo para Jerjes. Envió a su mensajero a los persas, quien les dijo:

—El almirante de la armada ateniense me ha enviado a ti en privado. Los otros griegos no saben que estoy aquí. Temístocles apoya en secreto a los persas y quiere que sepáis que los griegos están confusos y presos del pánico y planean huir de Salamina.

Nadie se pone de acuerdo sobre qué hacer, y están tan agitados que no se resistirán a ti. De hecho, puede que incluso los encuentres luchando entre ellos.

Jerjes sonrió ante la noticia y ordenó a sus cuatrocientas naves navegar hacia el golfo Sarónico. Pero la reina Artemisia le advirtió:

—¡Esperad! Es arriesgado luchar en el estrecho de Salamina; los griegos tendrán allí ventaja.

Aunque Jerjes sentía un profundo respeto por la reina Artemisia, no hizo caso a su advertencia. Ordenó a sus hombres que instalaran su trono de mármol blanco en la cima del monte Aigaleo, con vistas al golfo Sarónico, para tener una vista de pájaro de la batalla. Estaba tan seguro de la victoria sobre los «desmoralizados» griegos que incluso envió corredores a Persia anunciando un gran triunfo antes de que se produjera la batalla.

Jerjes no sabía que una importante fuerza naval de toda Grecia se había reunido en el golfo Sarónico y que estaba escondida detrás de las islas. Cuando la flota persa se adentró en el golfo Sarónico, solo vio cincuenta barcos corintios. Cuando los persas se abalanzaron sobre la pequeña flota, los corintios se deslizaron por el estrecho entre Salamina y el continente hasta la bahía de Eleusis, con los persas persiguiéndolos.

¡Era una trampa! El resto de los barcos griegos salieron de su escondite. Navegaron hacia Salamina, bloqueando el estrecho y acorralando a la flota persa en la bahía de Eleusis sin poder escapar y sin espacio para sus maniobras habituales. Cuando los que estaban al frente de la flota persa vieron lo que ocurría, trataron de dar la vuelta, solo para ser chocados por sus propios barcos detrás de ellos. Mientras Jerjes observaba horrorizado desde su trono en la cima de la montaña, los griegos se abalanzaron repetidamente sobre los barcos persas con sus arietes, haciéndolos pedazos. El hermano de Jerjes, el general Ariabignes, murió, al igual que muchos otros miembros de la flota persa que se ahogaron al hundirse sus barcos. El mar quedó sembrado de barcos hundidos y cadáveres flotantes. La mayoría de los griegos que navegaban eran excelentes nadadores y, aunque sus barcos se hundieran, podían nadar hasta ponerse a salvo. Los griegos estaban especialmente ansiosos por capturar a la reina Artemisia, ya que se sentían ofendidos de que una mujer luchara contra ellos, ¡y además una mujer griega! Pero Artemisia escapó. El gran triunfo de Salamina fue un momento decisivo en el conflicto entre Grecia y Persia. Grecia había estado en la defensa, y ahora la marea se había vuelto contra Persia.

Mientras Jerjes observaba la debacle a sus espaldas, enfurecido y culpando a todo el mundo, le vino a la mente un repentino y aterrador pensamiento. ¿Qué impediría a los griegos navegar hasta el Helesponto y destruir su puente? Su ejército de un millón de hombres quedaría atrapado en Europa, y ya se habían quedado sin alimentos. Tenía que llevar a su ejército de vuelta a Asia. Mientras tanto, su primo Mardonio se preguntaba si Jerjes lo castigaría por convencerlo de invadir Grecia. Tal vez podría redimirse.

—Noble rey, creo que lo mejor es que regreséis rápidamente a Persia. Habéis logrado vuestro objetivo de saquear e incendiar Atenas. Habéis ganado. Ahora, dejadme 300.000 hombres, y yo esclavizaré el resto de Grecia para vosotros en la primavera.

Jerjes llamó a la reina Artemisia, pidiéndole su opinión.

—Estoy de acuerdo con Mardonio. Si gana Grecia el año que viene, la gloria es vuestra. Si no lo hace, la vergüenza es suya. Ahora es el momento de marchar a casa en triunfo después de haber quemado Atenas, que era el propósito principal de esta expedición.

Ciro marchó a casa, al frente de dos tercios de su ejército de tierra, muchos de los cuales murieron en el camino de hambre y disentería. Cuando llegaron al Helesponto, una tormenta había vuelto a romper el puente, por lo que tuvieron que esperar a que llegaran sus barcos para transportarlos. Mardonio y los 300.000 hombres invernaron en Tesalia mientras planeaba su asalto a Grecia en primavera. No intentaría un ataque por tierra en el Peloponeso debido al muro en el istmo de Corinto. Pero recibió la noticia de que los atenienses habían regresado a su ciudad.

Mardonio marchó sobre Atenas en la primavera. Los atenienses volvieron a huir a Salamina, pero Mardonio arrasó las murallas, las casas y los templos que quedaron en pie tras el primer ataque. Pero entonces un enorme ejército de coalición de espartanos y otros aliados griegos acudió en defensa de Atenas. Mardonio se retiró rápidamente con su ejército a Beocia, en el centro de Grecia, donde se enfrentó a los espartanos en la brutal batalla de Platea.

Los espartanos se habían posicionado en las montañas que rodeaban la llanura en la que se encontraban Mardonio y sus hombres, lo que dificultaba el acceso de la caballería persa. Mardonio consiguió cortar sus líneas de suministro, por lo que se quedaron sin comida ni agua, pero entonces los espartanos utilizaron uno de sus viejos trucos de batalla. Fingieron huir de la zona. Cuando los persas cargaron tras ellos, los espartanos giraron de repente y formaron su letal falange. Una vez más, los persas no pudieron resistir las maniobras espartanas en el campo de batalla y huyeron, mientras el resto de la coalición griega salía de las colinas para masacrar a 260.000 soldados persas. Solo cuarenta mil sobrevivieron y regresaron arrastrándose a Persia[28].

Como dijo la reina Artemisa, la gloria de la conquista de Atenas pertenecía a Jerjes, pero la vergüenza de la catástrofe de Platea pertenecía a Mardonio, que pereció en la batalla. Y, aun así, otro fiasco se desarrollaría más tarde en el mismo día.

---

[28] Herodoto, *Las Historias: Libro octavo*.

Capítulo 8: Las consecuencias y la Paz de Calias

Los griegos jónicos se encontraban bajo el dominio del Imperio persa aqueménida, pero ¿dónde se encontraba su verdadera lealtad? ¿Eran leales al rey Jerjes o a su patria ancestral, Grecia, al otro lado del mar Egeo? Esta cuestión surgió durante la batalla naval de Salamina, cuando parte de la flota persa incluía barcos jónicos que habían sido capitaneados y tripulados por griegos. Algunos fenicios cuyas naves naufragaron subieron a la montaña hasta el trono de Jerjes, acusando a los griegos jónicos de traición. Pero Jerjes observó el valor de los griegos jónicos en la batalla y ordenó decapitar a los fenicios por calumnia.

Sin embargo, aunque muchos griegos jónicos lucharon heroicamente en el bando persa, otros se pusieron del lado de sus hermanos griegos continentales, deseosos de tener una oportunidad para librarse del yugo persa. El mismo día en que Mardonio luchaba contra los griegos en la batalla de Platea, la flota griega entablaba una lucha con Persia en Jonia. Los espartanos habían navegado hasta Delos, en las Cícladas, con 110 barcos, y algunos griegos jónicos de la isla de Samos se reunieron con ellos en secreto.

«Si el resto de los jonios supieran que estáis aquí, se rebelarían inmediatamente contra el Imperio aqueménida y expulsarían a los persas. En nombre de los dioses que ambos adoramos, os rogamos que nos liberéis de la esclavitud. Tus barcos son muy superiores a los suyos y su moral está baja».

En ese momento, la flota ateniense llegó para unirse a los espartanos, y los griegos navegaron desde Delos hasta Samos y anclaron en alta mar, preparados para una batalla naval. Los restos de la flota persa habían invernado en Jonia, y la mayoría estaban en Samos en ese momento. No queriendo enfrentarse a los griegos en una batalla naval tras el apocalipsis de Salamina, los persas navegaron hasta el pie del monte Mícala, en tierra firme. Se encontraron con los sesenta mil soldados persas que dejó Jerjes al mando del general Tigranes, el hombre más alto de Persia.

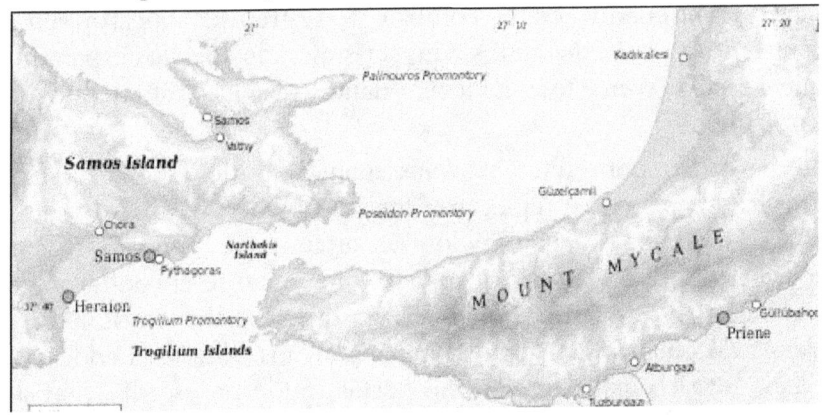

Los griegos y los persas libraron la batalla de Mícala frente a la isla de Samos

Foto modificada: ampliada. Crédito: Eric Gaba, usuario de Wikimedia Commons Sting, CC BY-SA 3.0 <https://creativecommons.org/licenses/by-sa/3.0>, vía Wikimedia Commons; https://commons.wikimedia.org/wiki/File:Miletus_Bay_silting_evolution_map-en.svg

Los persas sacaron sus barcos a tierra y construyeron una empalizada a su alrededor hecha de piedra y troncos de árboles, con estacas protectoras que sobresalían. Tras debatir su próximo movimiento, los griegos acabaron dirigiéndose a tierra firme tras los persas. Al pasar por delante del recinto persa, vieron un gran ejército posicionado en la playa, pero se sorprendieron de que ningún barco saliera a hacerles frente. Llamaron a los jonios entre las fuerzas persas en lengua griega: «¡Hombres de Jonia! Recordad vuestra libertad. Transmitid esto a los demás griegos».

El rey espartano, Leotíquidas, esperaba que los griegos jónicos se pusieran de su parte o, al menos, que los persas desconfiaran de los jonios. Sin duda tuvo este último efecto, ya que el general Tigranes relevó inmediatamente a los griegos jónicos de sus armas. Los espartanos y los atenienses vararon sus barcos y salieron a luchar contra los persas, que eran más numerosos que los griegos y no esperaban que los marineros estuvieran entrenados para las batallas terrestres.

No sabían que todos los niños espartanos salían de casa a los siete años para ir al cuartel militar, donde se entrenaban en la guerra y convivían con sus compañeros hasta los treinta años. Todos los varones espartanos aprendían la letal formación de falange y practicaban diversas maniobras y estrategias, aunque luego se formaran en la marina. Los marineros atenienses, que también estaban entrenados en el combate terrestre, se alinearon en el centro de la playa, decididos a no ser superados por los espartanos, que estaban en los flancos, dando vueltas alrededor del campamento.

Asustados por el fervor y las maniobras de combate de los griegos, los persas se replegaron tras su bloqueo. La mayoría huyó hacia las colinas cuando los espartanos se acercaron a su retaguardia. Por desgracia, los persas que huían se encontraron con los milesios, otro grupo jónico-griego que acababa de desertar de Persia. Masacraron sin piedad a sus antiguos señores. Diodoro de Sicilia registró que cuarenta mil persas murieron ese día, pero los griegos también perdieron muchos hombres. Los vencedores griegos quemaron las naves persas, rompiendo el poder naval de Jerjes y dejando a la armada griega coaligada en el dominio de los mares.

Tras la decisiva victoria en Jonia, el rey Leotíquidas de Esparta se reunió con los griegos jónicos.

—Volved a vivir en la patria. Estaréis a salvo de los ataques de Persia en Grecia, pero aquí sois demasiado vulnerables.

Pero los aguerridos jonios rechazaron su propuesta.

—¡Hemos estado aquí durante seiscientos años! ¡No vamos a ir a ninguna parte!

Sin embargo, en el año 477 a. C., los jonios formaron la Liga de Delos, una confederación de ciudades-estado griegas jónicas y otras ciudades griegas costeras alrededor del mar Egeo, el mar Negro y el mar Adriático. La liga ayudó a cada ciudad-estado a mantener su autonomía, y juntos lanzaron ataques contra Persia. Nombraron a Atenas como su cabeza, y cada ciudad-estado proporcionó barcos, suministros o dinero para luchar contra los persas.

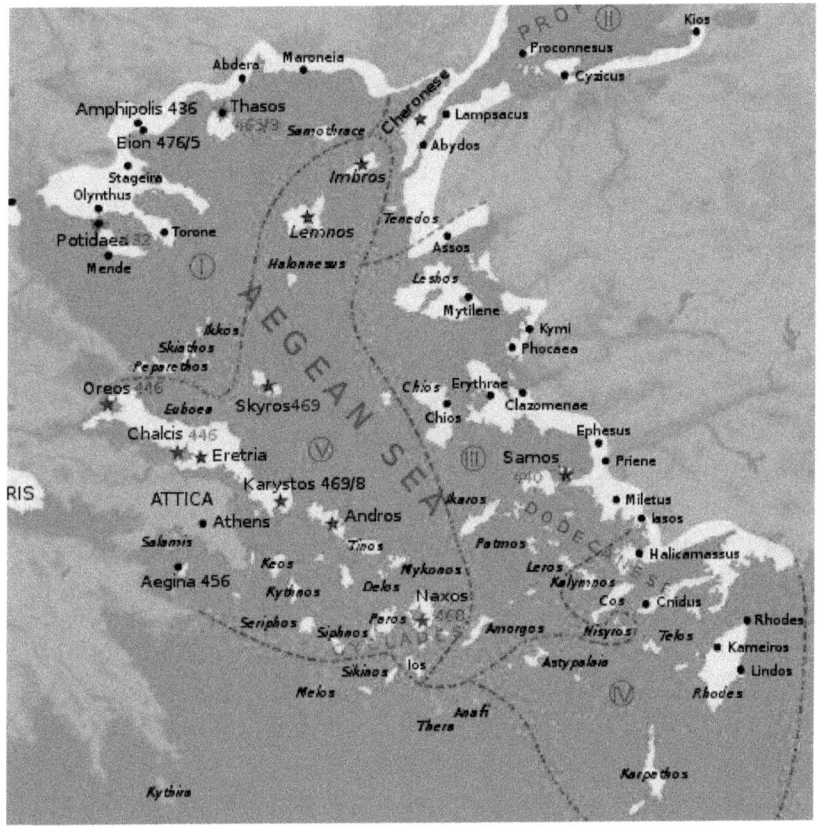

La mayoría de las ciudades-estado costeras del mar Egeo que se unieron a la Liga de Delos

Foto modificada: ampliada. Crédito: Map_athenian_empire_431_BC-fr.svg: Marsyasderivative work: Once in a Blue Moon, CC BY-SA 2.5 <https://creativecommons.org/licenses/by-sa/2.5>, vía Wikimedia Commons; https://commons.wikimedia.org/wiki/File:Map_athenian_empire_431_BC-en.svg

Cimón, que luchó en la batalla de Salamina, fue el principal comandante de la liga; recuperó de los persas los antiguos territorios griegos y libró al mar Egeo de los piratas dolopios que habían interrumpido el comercio. Plutarco cuenta que una de las conquistas supuso para Cimón y sus aliados un extraordinario botín de guerra: grandes riquezas y prisioneros persas. Cimón dijo a sus aliados que eligieran el botín o los prisioneros, y se quedaron con el oro y los lujosos ropajes, pensando que los nobles persas serían esclavos inútiles. Sin embargo, Cimón rescató a los prisioneros y los devolvió a sus familias, haciéndose fabulosamente rico. Heródoto dice que utilizó el dinero para la flota de la Liga de Delos y para alimentar a los pobres.

El historiador ateniense Tucídides, que vivió durante los reinados de Artajerjes I y Darío II, informó de que la primera campaña de la Liga de Delos fue contra las guarniciones persas que quedaban en Tracia. Tuvo lugar alrededor del año 476 a. C. El asedio de Cimón a la ciudad de Eyón tenía como objetivo librar a Europa de cualquier presencia persa restante. Debido a las minas de plata de Tracia y a los enormes bosques que proporcionaban madera, era marcadamente estratégica como puerta de entrada de Asia a Europa.

Cimón dirigió la campaña, derrotando a los persas en una batalla terrestre y asediando la ciudad de Eyón, donde el río Estricón desemboca en el mar Egeo. Los alimentos de la ciudad se agotaron y Cimón ofreció a los persas un pasaje seguro para salir de Europa. Pero el comandante de Eyón, Boges, se negó, temiendo que Jerjes lo considerara cobarde. En lugar de ello, arrojó las reservas de oro y plata de la ciudad al Estricto, y luego mató a su familia y a sus sirvientes. Construyó una enorme pira en la que incineró sus cuerpos y luego se arrojó al fuego. Cimón esclavizó a lo que quedaba de la población hambrienta.

Una a una, las demás ciudades persas de la costa de Tracia abandonaron sus fortalezas y evacuaron Tracia bajo la presión de la Liga de Delos. Algunos de los tracios nativos se rebelaron contra el dominio griego y colaboraron con los persas en un movimiento de resistencia. Cimón sofocó la acción capturando trece barcos persas con solo cuatro trirremes y expulsando a la mayoría de los persas. El último reducto fue la ciudad de Dorisco, que los griegos no pudieron conquistar. Alrededor de la muerte de Jerjes, el gobernador Mascames de Dorisco fue llamado a Persia, poniendo fin a la presencia aqueménida en Europa.

Cuando Jerjes regresó a Persia desde Grecia, marcó una transición dentro del imperio de la expansión a la consolidación. El Imperio aqueménida tuvo sus desafíos, con revueltas, como en Egipto y Jonia, y asesinatos dentro de la familia real, incluyendo a múltiples reyes. Sin embargo, el Imperio persa perseveró a través de estas crisis. Los aqueménidas se concentraron ahora más en racionalizar su administración que en hacer crecer las fronteras del imperio. Tras regresar a Persia, Jerjes se centró en completar varios proyectos de construcción iniciados por su padre.

Esta época también marcó una transición en la relación entre Persia y Grecia. Hasta ese momento, Persia había sido el agresor y Grecia el defensor. Ahora se cambiaron las tornas. Los griegos estaban más seguros de sus maniobras de batalla en tierra y mar, y en lugar de limitarse a defenderse, pasaron a la ofensiva, obteniendo victorias decisivas contra el Imperio persa que condujeron a la Paz de Calias.

Durante una década, tras las desmoralizantes pérdidas de Jerjes en Grecia y Jonia, se dedicó a otros asuntos dentro de su imperio. Pero cada vez estaba más alarmado por el auge de la Liga de Delos y la audacia de su líder, Cimón, que amenazaba al resto de la península de Anatolia (Turquía occidental). Necesitaba frenar a Jonia y lanzar una tercera incursión en Grecia. Jerjes reunió una flota naval de 340 trirremes, comandada por su hijo Titraustes, y se esperaban 80 barcos más de los fenicios. Jerjes planeó utilizar su armada simultáneamente con su ejército terrestre, que se reunió en el río Eurimedón, en el suroeste de Turquía. Su estrategia consistía en avanzar a través de Jonia, recuperando cada una de las ciudades-estado rebeldes y lanzando finalmente un ataque desde Jonia a Tracia y Grecia.

Sin embargo, Cimón envió una flota de 250 barcos desde Atenas a la ciudad jónica de Faselis, que habría sido la primera ciudad que conquistaría Jerjes en su campaña. Cimón convenció a los habitantes de Faselis para que se unieran a la Liga de Delos. Titraustes no quería enfrentarse a la armada griega hasta que llegaran las fuerzas fenicias, así que navegó hacia el río Eurimedón. Pero Cimón decidió lanzar un ataque preventivo.

Titraustes necesitaba más espacio para que sus barcos pudieran maniobrar, así que volvió a navegar hacia el Mediterráneo, mientras que Ariomandes, el comandante persa, ordenó a las tropas terrestres que se desplazaran hacia el interior para proteger sus suministros. Ambos bandos pusieron en práctica brillantes tácticas en la brutal batalla naval, pero la flota persa no fue rival para las ingeniosas maniobras navales de Cimón. Los griegos atravesaron la línea de barcos persas, girando rápidamente para embestir sus popas y costados desprotegidos, hundiendo muchos barcos en el proceso.

Según Tucídides, después de que los griegos capturaran más de cien barcos persas con sus tripulaciones, la flota persa restante se retiró al río. Abordaron sus naves y saltaron a tierra para unirse al ejército de tierra. Pero Cimón engañó a los persas poniendo a sus guerreros griegos en los barcos persas capturados, vistiéndolos con ropas persas, y enviándolos río arriba tras los persas.

Los barcos de Cimón llegaron al campamento persa justo cuando caía la noche, y los persas reconocieron sus barcos y pensaron que los griegos disfrazados eran persas. Los persas bajaron la guardia, y fue entonces cuando Cimón y sus hombres atacaron. Mataron al sobrino de Jerjes, el general Feredatos, y mataron e hirieron a muchos persas desprevenidos. La batalla de Eurimedón fue una pérdida decisiva para Persia. Perdió su territorio en Europa, y más griegos jónicos se unieron a la Liga de Delos, que pronto se convertiría en el Imperio ateniense.

En el año 465 a. C., una intriga palaciega condujo a los asesinatos del rey Jerjes y de su hijo mayor, el príncipe heredero Darío, a manos del comandante de la guardia real. El hijo menor de Jerjes, Artajerjes, vengó los asesinatos de su padre y su hermano matando al guardaespaldas y a sus hijos. Luego subió al trono del Imperio aqueménida. No pasaría mucho tiempo antes de que se pusiera a prueba en un conflicto con el largo alcance del creciente Imperio ateniense. Sucedería en Egipto precisamente.

¿Cuál era el interés de los griegos en Egipto? Diodoro Sículo, un historiador griego del siglo I a. C., afirmó que los griegos construyeron la ciudad egipcia de Heliópolis antes del Gran Diluvio. Los descubrimientos arqueológicos indican que los helenos (griegos) y los egipcios comerciaban durante la Edad de Bronce. Heródoto afirma que los primeros griegos que se asentaron en Egipto fueron piratas jónicos que naufragaron en Egipto. El faraón egipcio Psamético I contrató a los piratas para que lucharan por él y así poder recuperar su trono de un usurpador. Una vez que volvió a ser rey, Psamético concedió a los piratas griegos tierras a lo largo del Nilo para que se establecieran y, con el tiempo, su ciudad portuaria de Naucratis se convirtió en un destacado centro comercial del Mediterráneo.

Cambises había conquistado Egipto durante su corto reinado, pero Egipto se resentía bajo el dominio persa. Se rebeló contra Darío el Grande y de nuevo contra Jerjes I. Persia sofocó ambas revueltas, pero en el 460 a. C., Egipto se rebeló contra el gobierno de Artajerjes I. Esta rebelión fue liderada por dos príncipes egipcios: Inaros y Amirtaeus. Inaros era el rey de Libia y el nieto del faraón egipcio Psamético III, que se había enfrentado al rey persa Cambises y había perdido.

Esta vez, Egipto se alió con Atenas, que desvió doscientos barcos al mando de Caritimides desde Chipre a Egipto. Los griegos aceptaron de buen grado involucrarse en el conflicto de Egipto con Persia; necesitaban el excedente de grano de Egipto y querían restaurar su próspero centro comercial en Egipto. La flota ateniense remontó el río Nilo y atacó cincuenta barcos fenicios que luchaban por Persia. Caritimides hundió treinta barcos y capturó los otros veinte.

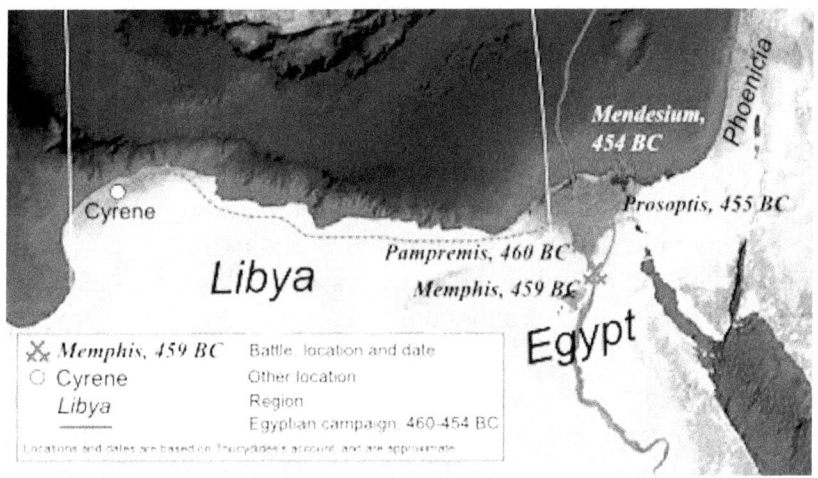

Atenas se alía con los rebeldes egipcios contra el Imperio persa

https://commons.wikimedia.org/wiki/File:Wars_of_the_Delian_League_Egyptian_campaign.jpg

El rey Artajerjes reunió un ejército terrestre de 300.000 hombres para sofocar la rebelión de Egipto; estos soldados estaban dirigidos por su hermano Aquémenes. Acamparon cerca de la ciudad de Papremis, en el Nilo, y casi inmediatamente entraron en combate con la coalición egipcio-griega. La enorme fuerza persa se impuso inicialmente, pero los griegos lograron superarlos. Rompieron la línea de los persas y mataron a una cuarta parte de las fuerzas persas, incluido el comandante Aquémenes, cuyo cuerpo los griegos enviaron a su hermano, el rey Artajerjes.

Los persas huyeron a su capital egipcia de Menfis, en el Nilo, que se llamaba «Castillo Blanco» por los ladrillos blancos del palacio y las enormes murallas blancas que rodeaban la ciudad. La coalición egipcio-ateniense asedió Menfis durante más de cuatro años. Artajerjes trató de alejar a los atenienses enviando al general Megabazo a sobornar a los espartanos para que atacaran Atenas, pero estos se negaron.

Megabazo reunió entonces una flota de trescientos trirremes tripulados por marineros de Chipre, Cilicia y Fenicia, y pasó un año entrenándolas para la guerra. Luego remontó el Nilo y derrotó rápidamente a las fuerzas greco-egipcias que sitiaban Menfis. Los atenienses huyeron a la isla de Prosopitis, en el delta occidental del Nilo, pero el general Megabazo utilizó un viejo truco persa. Desvió el río, haciendo que la isla fuera accesible a pie desde tierra firme. Solo unos pocos atenienses sobrevivieron y los egipcios se rindieron a Persia.

La victoria persa provocó el pánico en Atenas. La Liga de Delos había mantenido su tesoro en la céntrica isla sagrada de Delos, en las Cícladas, pero lo trasladaron a Atenas. El traslado del tesoro levantó las sospechas de los jonios y otros miembros de la Liga de Delos, ya que creían que Atenas utilizaría el dinero para sus propios fines, no para el bien de la liga. Mientras tanto, los persas, eufóricos por la victoria, enviaron su flota para retomar la isla de Chipre.

Cimón, que había sido condenado al ostracismo y exiliado de Atenas por sus rivales políticos, regresó al cabo de una década, justo a tiempo para dirigir un contraataque griego contra la fortaleza persa en Chipre. En el 451 a. C., su flota de doscientos barcos atacó por primera vez la ciudad de Citio, pero Cimón murió en la batalla. Los dirigentes atenienses ocultaron su muerte a sus fuerzas para que no se desanimaran. Bajo lo que creían que era el mando de Cimón, los griegos ganaron una doble batalla terrestre y marítima en la ciudad de Salamina, en Chipre, expulsando definitivamente a los persas del mar Egeo.

La victoria griega en Chipre puso fin a las guerras greco-persas. El estadista ateniense Calias negoció una tregua de treinta años entre el Imperio aqueménida y la Liga de Delos en el año 449 a. C. Los atenienses estaban luchando contra los espartanos, tebanos y corintios en la primera guerra del Peloponeso y no querían desviar barcos y tropas para luchar contra Persia. Asimismo, Artajerjes tenía otros asuntos que resolver en su todavía inmenso imperio; estaba dispuesto a ceder el mar Egeo a los griegos a cambio del mar Negro.

En la Paz de Calias, Persia reconoció la autonomía de las ciudades-estado jónico-griegas y acordó no enviar barcos al mar Egeo y no enviar sátrapas persas a menos de tres días de camino a pie del Egeo. Los griegos concedieron a Persia el dominio del mar Negro, Chipre, Egipto y los territorios que le quedaban a Persia en el oeste de Turquía. Tanto Grecia como Persia respetaron los términos de la Paz de Calias más allá de los treinta años estipulados, sin que ninguno de los dos imperios entrara en guerra abierta con el otro.

¿Qué pasó con la Liga de Delfos? La razón principal de la formación de la liga era rechazar los ataques de Persia y conseguir la independencia de las ciudades-estado jónico-griegas. Pero, aunque la Paz de Calias logró esos objetivos, Atenas no liberó a sus aliados de la liga. Atenas mantuvo el control de los fondos, y la Liga de Delos se transformó en el Imperio ateniense. Atenas obligó a las demás ciudades-estado a seguir suministrando barcos o fondos. En lugar de utilizar los fondos para beneficiar a todas las ciudades-estado, los atenienses utilizaron el dinero de la liga para un proyecto de construcción masiva de templos y palacios en Atenas.

Aunque los persas siguieron técnicamente la Paz de Calias, participaron en insidiosas intrigas con Atenas y Esparta, avivando el fuego de la acalorada rivalidad entre las ciudades. Su interferencia culminó con éxito en el estallido de la segunda guerra del Peloponeso en el 431 a. C., con una guerra incesante durante veintisiete años que debilitó a Grecia. En el año 412 a. C., Persia ayudó a Esparta y a sus aliados contra Atenas suministrando madera y fondos para una temible flota dirigida por Lisandro, que condujo a la aplastante derrota del Imperio ateniense.

TERCERA PARTE: DE JERJES II A DARIO III

Capítulo 9:
Artajerjes I y Darío II

—Su vino, Señor. —El copero Nehemías entregó la copa de oro a Artajerjes I.

El rey bebió lentamente, contemplando la ciudad desde su palacio en la cima de la colina, hasta que un sirviente interrumpió su ensoñación.

—Rey de reyes, tenéis una visita. Temístocles de Atenas.

—¿Temístocles? Qué intrigante. —Artajerjes se preguntó por qué el némesis de su padre estaba en su corte. Temístocles había sido el comandante naval ateniense que derrotó a su padre Jerjes en la debacle de Salamina.

—He oído que huyó de Atenas antes que ser juzgado por traición. —Artajerjes reflexionó.

—Tiene muchos enemigos políticos —respondió Nehemías—. Tal vez esté buscando asilo aquí.

—¡Bueno! Veamos qué tiene para ofrecer. —Artajerjes entró en la sala de audiencias, con sus enormes pilares y sus exquisitos bajorrelieves.

Temístocles se inclinó ante Artajerjes.

— Rey de reyes, como sabéis, una vez fui enemigo de vuestro padre. Pero como también sabéis, las circunstancias pueden cambiar rápidamente en el mundo político, especialmente en Atenas. Mis malvados adversarios me han acusado falsamente, y cualquier defensa es una tarea inútil. Por lo tanto, me ofrezco a ti.

—¿Traicionarías a Atenas? —Artajerjes frunció el ceño.

El general ateniense Temístocles buscó refugio en la corte de Artajerjes
https://commons.wikimedia.org/wiki/File:He_stoods_silent_before_King.jpg

—Lamentablemente, Atenas ya no es la noble ciudad que fue. Me ofrezco a mí mismo, mi conocimiento de Atenas, y mis habilidades militares y políticas. Os ayudaré a vengar el mal que

Atenas os ha infligido, ¡y Persia conquistará Grecia! Solo pido un año para aprender la lengua y las costumbres de Persia. Entonces seré vuestro fiel servidor.

Artajerjes sonrió.

—¡Bienvenido! Valoro vuestro servicio. Después del año de estudio, os nombraré gobernador de Magnesia. ¿Y qué hay de vuestra familia? ¡Traedlos aquí! Los haremos sentir cómodos. Ahora, me dirigía a una cacería. ¿Me acompañas? Tenemos mucho que discutir.

El reinado de Artajerjes marcó el comienzo de la «Fase Cultural» del Imperio aqueménida. En esta época, la lengua aramea, más hablada en Asia occidental, sustituyó a las lenguas elamita y persa en los asuntos de la corte. Algo parecido al monoteísmo surgió con el zoroastrismo, el culto al antiguo dios indoiraní Ahura Mazda. La guerra abierta de Persia con Grecia se transformó en tratos encubiertos para perturbar a las dos potencias, Atenas y Esparta.

Artajerjes, el «manos largas» (Plutarco decía que su mano derecha era más larga que la izquierda), era conocido como un gobernante sereno, atento y generoso. Inmediatamente después de que Artajerjes I subiera al trono, Bactriana se rebeló. Tras una primera batalla indecisa, Artajerjes ganó la segunda cuando «el viento sopló en sus caras», aparentemente refiriéndose a una tormenta de arena[29]. Artajerjes restauró el palacio de Susa tras su incendio y completó el Salón de las Cien Columnas de Persépolis.

Artajerjes logró sofocar la revuelta egipcia, pero su hermano Aquémenes murió en el conflicto, lo que rompió el corazón de su madre. El cabecilla de la revuelta, Inaro, huyó a la inexpugnable fortaleza egipcia de Biblos, que el general Megabizo de Persia no pudo superar. Entonces, Megabizo ofreció condiciones de rendición a Inaro y a los seis mil guerreros griegos que lo acompañaban. «El rey Artajerjes no os hará daño, y los griegos son libres de volver a casa».

---

[29] *Extracto de Focio de la Persica de Ctesias*, Livio. https://www.livius.org/sources/content/ctesias-overview-of-the-works/photius-excerpt-of-ctesias-persica/#34.

Persia comenzó a utilizar la moneda bajo Ciro el Grande. Esta moneda muestra a Artajerjes I

Classical Numismatic Group, Inc. http://www.cngcoins.com, CC BY-SA 3.0 <https://creativecommons.org/licenses/by-sa/3.0/>, vía Wikimedia Commons; https://commons.wikimedia.org/wiki/File:Coin_of_Ardashir_I_(also_spelled_Artaxerxes_I_)_of_Persis,_Istakhr_mint.jpg

Los rebeldes se rindieron ante el general Megabizo, que los llevó ante Artajerjes I. Cuando Artajerjes vio a Inaro, quiso arrancarle el cuello por haber matado a su hermano, pero Megabizo intervino, explicando el trato que había hecho con Inaro. Artajerjes cedió, pero su madre, Amestris, estaba furiosa por haber dejado vivir a los asesinos de su hijo. Durante cinco largos años, presionó a Artajerjes para que le permitiera vengarse. Finalmente, Artajerjes le entregó a Inaro, y Amestris lo empaló en tres estacas y decapitó a los cincuenta griegos que no se habían marchado cuando tuvieron la oportunidad[30].

Profundamente agraviado, Megabizo partió hacia su provincia de Siria, donde se reunió con los griegos que habían escapado a la ira de Amestris. Formando un ejército de 150.000 personas, se rebeló contra Artajerjes, que envió al general Usiris y a 200.000 hombres para sofocar la rebelión. Megabizo y Usiris, hombres que antes habían sido compañeros de armas, cargaron uno contra otro en sus caballos, hiriéndose simultáneamente. Usiris atravesó el muslo de Megabizo con su lanza mientras recibía heridas en el muslo y el hombro que le hicieron caer del caballo. Megabizo se dio la vuelta y

---

[30] *Pérsica de Ctesias.*

atrapó a Usiris mientras caía. Ordenó a su médico que atendiera a Usiris y lo envió de vuelta a Artajerjes.

Artajerjes envió otra fuerza contra Megabizo. Esta vez, los hombres estaban dirigidos por el sobrino de Artajerjes, Menostanes, que recibió dos flechas de Megabizo en el hombro y la cabeza. Aunque no fue herido de muerte, Menostanes huyó del campo de batalla con sus hombres, y Megabizo consiguió otro brillante triunfo. En este punto, el hermano de Artajerjes, Artario (padre de Menostanes), se involucró. Viajó al encuentro de Megabizo.

—¡Megabizo! Tenemos una larga historia, y habéis servido a nuestro rey y a su padre con gran valor y distinción. ¿Por qué tirar todo por la borda ahora, después de vuestra estelar carrera? Llegad a un acuerdo con mi hermano, el rey.

—Artario, estoy dispuesto a hacer las paces con mi rey Artajerjes. Pero no puedo soportar la idea de volver a la corte y ver a la reina madre Amestris. Eso arrastraría el horror de lo que le hizo a Inaro, a quien juré proteger. Si puedo quedarme en mi satrapía de Siria, haré las paces con mi rey.

Artario llevó su mensaje a Artajerjes, e incluso Amestris instó a su hijo a perdonar a Megabizo, ya que era un influyente y legendario héroe de guerra. ¿Y si provocaba problemas con los griegos jónicos? Artajerjes perdonó a Megabizo, pero lo obligó a hacer un último viaje a la corte persa para recibirlo.

Cuando Ciro el Grande conquistó Babilonia, permitió que los sirios, medos, judíos y otros pueblos que los asirios y babilonios habían reubicado regresaran a sus tierras natales. Devolvió los tesoros tomados del templo judío y financió la reconstrucción del templo en Jerusalén. Cerca de cincuenta mil judíos regresaron a su tierra natal en tiempos de Ciro. Allí se encontraron con los babilonios que habían sido trasladados a la fuerza siglos antes por el rey Asarhaddón de Asiria.

Estos babilonios ancestrales gobernaban la satrapía persa de Israel. Provocaron problemas contra la reconstrucción de Jerusalén y su templo durante los reinados de Darío, Jerjes y Artajerjes. Darío había investigado el edicto de Ciro y permitió la terminación del templo. Pero el gobernador de Israel, Reum, envió una carta a Artajerjes I, advirtiéndole que los judíos habían puesto los cimientos de Jerusalén y pronto terminarían sus muros.

—Si reconstruyen esta ciudad, los judíos se negarán a pagar su tributo, y perderéis la provincia al oeste del río Éufrates.

Artajerjes le respondió:

—He ordenado una búsqueda en los registros y he encontrado que Jerusalén ha sido, en efecto, un foco de insurrección contra muchos reyes. La rebelión y la revuelta son normales allí. Emitid órdenes para que esos hombres detengan su trabajo. Esa ciudad no debe ser reconstruida[31].

Sin embargo, en el séptimo año del reinado de Artajerjes, este cambió de opinión con respecto a Jerusalén; tal vez influido por su copero judío, Nehemías. Escribió a Esdras, el sacerdote y escriba judío, dándole instrucciones para que embelleciera el templo de Jerusalén con plata y oro del tesoro babilónico y las ofrendas voluntarias de los judíos.

Catorce años después, Nehemías, copero de Artajerjes, recibió la visita de su hermano Hanani, que vivía en Jerusalén, donde la situación era desoladora. Se les había permitido terminar el templo, pero Hanani le dijo a Nehemías que las murallas y las puertas de la ciudad seguían en ruinas. Al día siguiente, Artajerjes estaba sentado con su reina y notó que algo preocupaba a su copero.

—¿Por qué estáis tan triste? —le preguntó.

Nehemías estaba aterrado; siempre había que tener un comportamiento alegre ante el rey. Pero le dijo al rey que estaba afligido por su ciudad ancestral.

—¿Qué puedo hacer para ayudar? —preguntó Artajerjes.

Nehemías hizo una rápida oración y luego respondió:

—Enviadme a Judá para reconstruir los muros de Jerusalén.

Entonces, Artajerjes accedió a enviar a Nehemías a reconstruir las murallas y las puertas de Jerusalén. También proporcionó madera, envió tropas armadas con Nehemías para vigilarlo y lo nombró gobernador de Judá[32].

Incluso antes de que Artajerjes aceptara la Paz de Calias en el 449 a. C., prefirió una guerra de subterfugios y sobornos contra

---

[31] Esdras 1-4, Tanaj: Ketuvim: Libro de Esdras.
[32] Nehemías 1-2, Tanaj: Ketuvim: Libro de Nehemías.

Grecia. El combate abierto le costó la vida de sus ciudadanos y una fortuna en barcos y otros gastos militares. Artajerjes decidió ingeniosamente explotar las tensiones existentes entre Esparta y Atenas. Financió el fortalecimiento del ejército de Esparta, pagando nuevos barcos para su armada. Mientras tanto, calmó las sospechas de los atenienses enviando a sus emisarios con regalos y floridas propuestas. Luego, se sentó a esperar que el conflicto entre Atenas y Esparta estallara.

No tuvo que esperar mucho. En el año 460 a. C. estallaron las hostilidades en el sur de Grecia en la primera guerra del Peloponeso. Con Atenas enredada en una guerra con Esparta y otras ciudades, era el momento oportuno para que Artajerjes aniquilara a Atenas. Llamó a Temístocles, que había sido un útil consejero en los asuntos griegos, para que cumpliera su promesa de destruir Atenas. Cuando llegó el momento de atacar directamente a Atenas, Temístocles se lo pensó mejor. ¿Cómo pasaría a la historia si traicionaba a su ciudad madre? En lugar de ayudar a Artajerjes, se suicidó.

Con su esposa, la reina Damaspia, Artajerjes I solo tuvo un hijo, el príncipe heredero Jerjes II. Pero con sus concubinas, tuvo otros diecisiete hijos. Su concubina babilónica Alogyne fue la madre de Sogdiano, y otra concubina babilónica Cosmartidene fue la madre de Oco. Tuvo al menos una hija, Parisátide, de otra concubina babilónica, Andia. Parisátide se casó con su medio hermano Oco mientras su padre aún vivía. El matrimonio entre medio hermanos no era tabú en la antigua Persia y Egipto, especialmente en las familias reales. Artajerjes I y su reina murieron el mismo día en el año 424 a. C., quizás de la misma enfermedad.

El príncipe heredero Jerjes II ascendió al trono, gobernando solo cuarenta y cinco días antes de que su hermanastro, Sogdiano, lo asesinara mientras dormía borracho. Sogdiano usurpó el trono, pero, a pesar de los cuantiosos sobornos a sus militares, solo gobernó seis meses antes de caer presa de dos de sus hermanastros: su hermana Parisátide y su hermano Oco. Parisátide era astuta e intrigante, y guió a su marido/medio hermano Oco para arrebatarle el trono a Sogdiano y ejecutarlo asfixiándolo en cenizas.

Esta moneda dracma representa a Darío II

dynamosquito, CC BY-SA 2.0 <https://creativecommons.org/licenses/by-sa/2.0>, vía Wikimedia Commons; https://commons.wikimedia.org/wiki/File:Drachma_Darius_II.jpg

Después de usurpar el trono, Oco tomó el nombre de Darío II, gobernando durante veinte años. Tuvo trece hijos con Parisátide, aunque todos, excepto cinco, murieron en la infancia, tal vez a causa de los problemáticos genes recesivos del matrimonio entre hermanos. El historiador griego Ctesias, que vivía en el palacio como médico de la familia real, retrató a Parisátide como una mujer poderosa y principal consejera de Darío en asuntos políticos. La reina Parisátide era astuta a la hora de identificar y eliminar a cualquiera que supusiera una amenaza para el gobierno de Darío.

En la antigüedad, cada vez que un nuevo rey ascendía al trono, las naciones rivales solían poner a prueba su fuerza. Lo mismo ocurría con los países del extenso Imperio aqueménida, que se rebelaban con frecuencia incluso cuando se coronaba a un rey legítimo. Cuando Darío II subió al trono asesinando a su hermano, que había asesinado a su único hermano legítimo, el imperio se mostró inicialmente reacio a aceptarlo como su legítimo gobernante.

Varias provincias se rebelaron, incluidos los egipcios bajo el mando de Amirteo, que fundó la Vigésima Octava Dinastía de Egipto. (Egipto logró expulsar a los persas del delta del Nilo, que era una fuente crucial de grano para el Imperio aqueménida y un centro comercial vital. Incluso el hermano de sangre de Darío, Arsites, se rebeló contra él y se alió con los griegos. Darío sobornó a los griegos para que entregaran a Arsites, prometiendo que le perdonaría la vida, pero la reina Parisátide lo convenció de que lo arrojara a las cenizas para que se asfixiara.

El hijo del rey Darío II, Artajerjes II, se casó con Estatira, hija de un importante noble, y su hermano Terituchmes se casó con la hija de Darío, Amestris. Sin embargo, Terituchmes amaba a su hermosa hermanastra Roxana, una guerrera con excelentes habilidades para lanzar lanzas y tirar al arco. Quería casarse con su hermana, pero ya estaba casado con la hija del rey, así que conspiró con trescientos cómplices para asesinar a Amestris y apoderarse del imperio.

El rey Darío se enteró del complot, por lo que dispuso que su amigo Udiastes asesinara a Terituchmes. La reina Parisátide ordenó la ejecución de Roxana y del resto de la familia de Terituchmes, incluidas todas las mujeres excepto su nuera Estatira. Perdonó a Estatira porque Artajerjes II la amaba profundamente y rogó por su vida, pero Darío advirtió a Parisátide que más tarde lamentaría esa decisión.

Mientras los asesinatos y el caos sacudían a la familia real, los asuntos en Grecia abrieron la puerta a la participación de los persas. Seguían alimentando su deseo irrefrenable de derrotar a Atenas. Todo giraba en torno al apuesto, deslumbrante y audaz general Alcibíades, acusado de profanar las estatuas sagradas de Atenas. Alcibíades huyó a Esparta para evitar la condena a muerte, pero pronto perdió la paciencia del rey de Esparta, Agis, al tener una aventura con su esposa.

Alcibíades huyó luego a Jonia, poniéndose bajo la protección del sátrapa persa Tisfernes. En el año 410 a. C. organizó un golpe de estado en Atenas que derrocó la democracia y la sustituyó por una oligarquía (consejo de gobierno) de cuatrocientos hombres. Sin embargo, la armada de Atenas, favorable a la democracia, estaba amarrada en Samos, en Jonia, y se negó a aceptar el nuevo gobierno. Ajenos a sus maquinaciones políticas, los marineros nombraron a Alcibíades como su comandante. Dirigió la armada renegada en triunfo sobre la flota espartana-persa en el Helesponto en la batalla de Císico.

A los persas les daba vueltas la cabeza; ¿no era Alcibíades su aliado? Más que nada, Alcibíades era un oportunista; su única lealtad era hacia sí mismo. Antes de que el Imperio aqueménida supiera lo que estaba ocurriendo, la victoria en Jonia impulsó a los atenienses a expulsar a los oligarcas y restaurar la democracia.

Navegaron por el Egeo y pusieron a los jonios de nuevo bajo el control del Imperio ateniense. Fue entonces cuando Darío II intervino, demostrando ser un formidable comandante en jefe.

Al igual que su padre, Darío apoyó económicamente a Esparta. Encargó a sus fenicios la construcción de barcos de guerra para reponer la flota espartana, al tiempo que reconquistaba la mayor parte de las ciudades-estado jónicas con su propia flota. Este movimiento supuso la ruptura definitiva de la Paz de Calias. El segundo hijo de Darío II, Ciro (el Joven), llegó a un acuerdo con el general Lisandro de Esparta durante esta campaña. Ayudó a Esparta contra Atenas, apoyando a Lisandro con sus ingresos de Anatolia. Ciro ayudó a convertir a Lisandro en gobernante de una Grecia conjunta a cambio de ayuda en un golpe de estado planeado contra su hermano mayor tras la muerte de su padre.

Lisandro y sus doscientos barcos proporcionados por Persia, así como su armada espartana, se enfrentaron a los atenienses en el Helesponto en la batalla de Egospótamos en el 405 a. C. Los atenienses, desprevenidos, sacaron sus barcos a la orilla para secar los cascos, que se anegaban al cabo de un tiempo. Sabían que Lisandro estaba cerca, pero él se había negado a entrar en combate en dos episodios recientes, así que no estaban demasiado preocupados. Sin embargo, Lisandro atacó repentinamente, matando a tres mil marineros y capturando o destruyendo su flota: solo seis barcos escaparon.

Lisandro se dirigió entonces a Grecia y sitió Atenas hasta que se rindió. La interferencia persa instigó la guerra del Peloponeso en Grecia, pero la interferencia persa la puso fin, con Esparta como vencedora. Los atenienses entregaron su flota naval y desmantelaron su imperio. Lisandro derribó las murallas de Atenas y Esparta exigió un enorme tributo. Atenas no representaría una amenaza para el Imperio aqueménida hasta que Filipo II y su hijo Alejandro Magno unieran Grecia décadas después.

Justo al terminar la guerra del Peloponeso, Darío II cayó enfermo en Babilonia. Murió en el año 404 a. C. y le sucedió su hijo mayor, Artajerjes II. Sin embargo, surgieron rumores creíbles de que el segundo hijo de Darío, Ciro el Joven, planeaba matar a Artajerjes II y robarle el trono. Ciro fue arrestado, pero su madre, Parisátide, defendió firmemente a su hijo favorito y consiguió que se retiraran los cargos. Ciro se marchó a su satrapía de Lidia y Jonia hasta que las cosas se calmaron en Persia. Los rumores eran ciertos, por supuesto. Pero Ciro esperó su momento hasta que Artajerjes bajó la guardia y se dieron las circunstancias para su derrocamiento.

Ciro el Joven reunió un gran ejército de unos veintitrés mil hombres, incluidos diez mil mercenarios griegos y un contingente espartano. Con el pretexto de hacer campaña contra la tribu pisidiana en los montes Tauro, marchó hacia el sureste antes de que Artajerjes II se diera cuenta de lo que estaba ocurriendo y reuniera tropas para enfrentarse a él en Babilonia. Cuando las fuerzas se alinearon una contra otra, el objetivo principal de Ciro no era derrotar al bando contrario, sino matar a su hermano. Si Artajerjes estaba muerto, podría tomar el trono.

Para ello, Ciro ordenó a su comandante griego Clearco que desplazara a sus hombres al centro, frente a Artajerjes. Eso iba en contra de la clásica formación de falange griega, que situaba las fuerzas más potentes en cada lado, especialmente en el flanco derecho. Temiendo que los persas los flanquearan, Clearco ignoró la orden de Ciro. Al quedarse con un escaso apoyo en el centro, Ciro cargó de cabeza contra su hermano, pero fue abatido antes de que pudiera matarlo. Artajerjes II era ahora el rey indiscutible del Imperio aqueménida.

Capítulo 10: Artajerjes II

—¡Qué armisticio! —siseó Lisandro mientras veía llegar a la enorme brigada persa con sus caballos de guerra—. ¡Tres meses, dijo! ¡Negociaré la independencia de Grecia en Jonia, dijo! En lugar de eso, ha duplicado su armamento.

El sátrapa persa Tisafernes se pavoneó ante Lisandro y el rey de Esparta, Agesilao.

—¡Rey Agesilao, os ordeno que abandone Asia inmediatamente o que se prepare para la guerra!

Los espartanos fruncieron el ceño ante la duplicidad de Tisafernes. ¿Qué posibilidades tenía su escasa fuerza de ocho mil hombres? Pero el rey Agesilao se mostró impertérrito, incluso alegre.

—¡Tisafernes, estoy en deuda contigo! Al cometer perjurio, habéis hecho caer sobre ti la hostilidad del cielo. Ahora los dioses nos sonreirán a los griegos.

La lucha por las colonias jónico-griegas inició otro capítulo entre Persia y Esparta, que pasaron de aliados a enemigos y de nuevo a aliados. Artajerjes II reinó durante cuarenta y cinco años, centrándose en proyectos de infraestructura y construcción junto con su ajetreada vida doméstica, que incluía más de trescientas concubinas y más de cien hijos. Plutarco dice que incluso se casó con una (o más) de sus hijas, pero a los historiadores griegos les encantaba insertar dramatismos y escándalos que podían o no haber ocurrido. Artajerjes tuvo que hacer frente a otra revuelta egipcia y a una rebelión de sus satrapías, y no pudo resistirse a insertarse en los conflictos en curso de Grecia.

Esta moneda dárica de oro muestra a Artajerjes II

Marie-Lan Nguyen / Wikimedia Commons;
https://commons.wikimedia.org/wiki/File:Double_daric_330-300_obverse_CdM_Paris.jpg

Después de que Esparta, aliada de Persia, pulverizara a Atenas, esta tomó el relevo de Atenas como potencia gobernante del mundo griego. Lisandro cambió los gobiernos democráticos de las ciudades-estado griegas por oligarquías, cada una dirigida por un gobernador militar espartano leal a él. En esencia, estaba construyendo un imperio personal. Atenas se rebeló contra la oligarquía de los «Treinta Tiranos» de Lisandro y perdió. Pero el rey Pausanias de Esparta permitió a Atenas reanudar su democracia, frenando el desenfrenado juego de poder de Lisandro.

El padre de Artajerjes, Darío, se había aliado con Esparta contra Atenas, conquistando la mayor parte de las ciudades-estado jónicas en el año 412 a. C., con Persia como señorío. Artajerjes II estaba disgustado porque Esparta había enviado hombres para apoyar el fallido golpe de Estado de Ciro el Joven. Y lo que es peor, Esparta instigó una revuelta de los griegos jónicos contra el Imperio aqueménida. Las constantes guerras habían diezmado a los guerreros de Esparta, y solo una treintena pudo unirse a los combatientes de la resistencia. Pero el nuevo rey de Esparta, Agesilao, y Lisandro reunieron un ejército de dos mil helotas recién liberados y seis mil griegos de ciudades-estado aliadas.

Lisandro estaba en su elemento cuando llegaron a la costa jónica en el 396 a. C. Había pasado gran parte de su carrera militar allí y había nombrado a la mayoría de los líderes espartanos. El rey Agesilao, que se sentía condescendiente y eclipsado, decidió dejar a Lisandro en Éfeso, lejos de Esparta, una vez que concluyeran su campaña. En Jonia, el gobernador persa Tisafernes pidió un alto el fuego de tres meses mientras enviaba embajadores a Artajerjes II para negociar la independencia de las ciudades-estado jonia-griegas.

Jenofonte, un ateniense que se enroló como mercenario con Agesilao, dijo que el rey espartano aceptó el armisticio. A pesar de saber que Tisafernes lo había traicionado al enviar refuerzos, cumplió su parte del trato. Cuando Tisafernes ordenó a la fuerza espartana que abandonara Asia inmediatamente, Agesilao ordenó con confianza a sus soldados que se prepararan para la batalla y advirtió a los griegos jónicos de la zona que estuvieran preparados para la guerra. Envió despachos al resto de las ciudades-estado griegas de Asia para que enviaran sus regimientos.

Esperando que las fuerzas espartanas atacaran su cuartel general en Caria, Tisafernes transportó su infantería a Caria y estacionó su caballería en el río Meandro. Pero Agesilao dirigió su ejército en dirección contraria, asaltando la región de Sardes y acumulando tesoros. Tisafernes tardó tres días en darse cuenta de que Agesilao no venía a Caria; entonces marchó sobre Sardes. Este retraso dio a los espartanos tiempo para preparar una emboscada; mataron a seiscientos persas, haciendo huir al resto.

Un irritado Artajerjes decapitó a Tisafernes y lo sustituyó por su visir Titraustes, que ofreció nuevas condiciones de paz. Titraustes dijo que las ciudades-estado jónicas podrían tener un gobierno autónomo si pagaban tributo a Artajerjes. Dio a Agesilao treinta talentos para que abandonara la zona. Pero entonces, Titraustes sobornó a Tebas y Corinto, antiguos aliados de Esparta que se habían disgustado con el control imperialista de Esparta, para que lucharan contra ella. Otro sátrapa persa, Farnabazo, también visitó Grecia para sobornar a las ciudades-estado para que se lanzaran a la guerra contra Esparta. El soborno funcionó, y la guerra de Corinto se prolongó durante ocho años, manteniendo a Esparta distraída de Jonia.

Tebas se alió con Atenas, y Esparta llamó a Lisandro desde Asia. Debía traer aliados del norte de Grecia para reunirse con el rey Pausanias de Esparta en el sur de Grecia para asediar Haliarto, la ciudad hermana de Tebas. Al llegar primero y sin saber que las tropas tebanas estaban cerca, Lisandro atacó Haliarto sin esperar a Pausanias. Los tebanos contraatacaron por la retaguardia, matando a Lisandro, y los espartanos huyeron con los tebanos pisándoles los talones. Los espartanos, haciendo uso de una de sus tácticas favoritas al detenerse repentinamente y girar, cogieron a los tebanos por sorpresa y mataron a muchos de ellos. Sin embargo, no tomaron Haliarto, ni tampoco Pausanias cuando finalmente llegó.

Los espartanos exiliaron al rey Pausanias por llegar tarde a la batalla. Su joven hijo Agesípolis se convirtió en correy con Agesilao, a quien los espartanos llamaron de Jonia. Mientras Agesilao regresaba por tierra, su armada, al mando de su cuñado Peisandro, zarpó de Cnidus, en el suroeste de Jonia, de regreso a Grecia. Pero su flota fue atacada repentinamente por una flota persa-fenicia comandada por Farnabazo y una flota ateniense comandada por el general Conón.

La flota espartana, presa del pánico, dio marcha atrás, encalló y abandonó sus barcos para huir, pero fue abatida por sus perseguidores. Los persas y los atenienses capturaron cincuenta barcos y mataron a Peisandro. Esta catástrofe supuso el fin de la armada de Esparta y de su dominio sobre las demás ciudades-estado griegas, que pronto serían reclamadas por Atenas. Conón y Farnabazo navegaron hacia el sur de Grecia para asaltar la costa del Peloponeso. Farnabazo financió la reconstrucción de las largas murallas de Atenas en agradecimiento a su ayuda en la campaña persa.

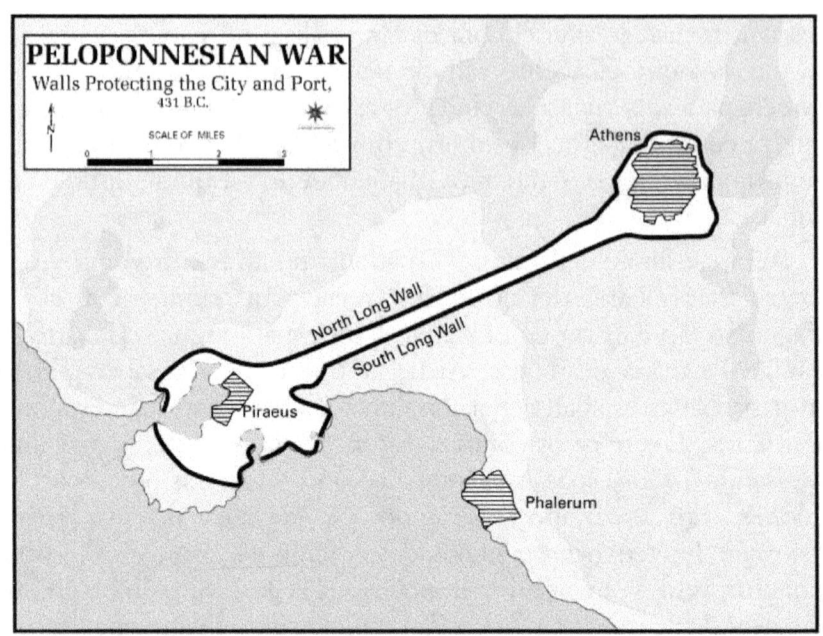

Las murallas rodeaban Atenas y se extendían siete millas hasta el puerto del Pireo
https://commons.wikimedia.org/wiki/File:Pelopennesian_War,_Walls_Protecting_the_City,_431_B.C.JPG

Mientras el rey Agesilao marchaba de vuelta a Esparta, una coalición de atenienses, corintios, tebanos y otros griegos atacó de repente. Ambos bandos se alinearon en forma de falange en el campo de batalla, pero en lugar de marchar con paso firme hacia sus adversarios, los espartanos corrieron hacia las fuerzas de la coalición, lo que los inquietó tanto que huyeron hacia las colinas. Bueno, todos menos los tebanos, que rodearon la falange espartana y saquearon su campamento. Los espartanos giraron y atacaron a los tebanos. En lugar de huir, los tebanos intentaron *atravesar* la falange espartana para reunirse con sus aliados. Este error suicida les costó la vida a seiscientos tebanos.

Gracias a la influencia del rey Artajerjes, la Paz de Antalcidas puso fin a la guerra de Corinto en el año 387 a. C. Persia volvió a ser amiga de Esparta, abandonando su alianza con Atenas. Atenas no estaba dispuesta a sentarse a la mesa de negociaciones, por lo que los espartanos vigilaron el estrecho de los Dardanelos y no permitieron que los cargamentos de grano llegaran a Atenas hasta que la ciudad capitulara. Persia conservó la soberanía sobre las ciudades-estado jónico-griegas, y el resto de las ciudades-estado griegas recuperaron su autonomía. Artajerjes garantizó el tratado, prometiendo derramar su ira sobre cualquiera que rompiera sus términos.

La región del delta del Nilo, en el norte de Egipto, se había rebelado contra Darío II, el padre de Artajerjes, que no consiguió retomarla. El año en que murió Darío, Amirteo, el líder de la revuelta egipcia, se coronó faraón de Egipto. Pero mientras Artajerjes preparaba una fuerza para invadir Egipto, se distrajo con el intento de golpe de su hermano y se involucró en el conflicto griego. Una vez que puso a los griegos a raya, Artajerjes se centró en Egipto.

Poco después de resolver la Paz de Antalcidas, Artajerjes II envió una campaña a Egipto. Sus sátrapas Titraustes y Farnabazo le habían servido bien en el conflicto griego, por lo que los envió junto con Abrocomas, el sátrapa de Siria, para traer a Egipto de vuelta al redil. Artajerjes lanzó la campaña con 200.000 soldados persas, 500 barcos y 12.000 mercenarios griegos.

Los ingenieros egipcios se pusieron manos a la obra, impidiendo a los persas remontar el Nilo y sus afluentes mediante el represamiento de los ríos. Impidieron a la infantería persa inundar los campos por los que debían marchar. Entonces, estalló la disensión entre Farnabazo y los mercenarios griegos. Finalmente, el Nilo se inundó y los egipcios redoblaron su decisión de defender su tierra.

Tras tres años de brutal resistencia por parte de los intransigentes egipcios, la fuerza persa se retiró en desgracia. Egipto pasó a ser autónomo, gobernado por varias dinastías egipcias hasta que el hijo de Artajerjes II, Artajerjes III, lo reconquistó finalmente. Los egipcios no solo se defendieron con éxito de los persas, sino que también instigaron rebeliones en otras satrapías del Imperio aqueménida. Tres faraones sucesivos —Nectanebo I, Teos y Nectanebo II— apoyaron a varias satrapías en un intento de ruptura con el Imperio aqueménida.

En el año 372 a. C., el primer sátrapa (gobernador) que se rebeló fue Datames, que había sido guardaespaldas de Artajerjes con un servicio distinguido en la batalla. Artajerjes lo nombró sátrapa de Capadocia cuando murió su padre, el sátrapa anterior. Sirvió fielmente a Artajerjes, que le encargó la reconquista de

Egipto cuando Farnabazo fracasó. Sin embargo, los enemigos de Datames en la corte persa le hicieron temer que perdería su posición y probablemente incluso su vida. En lugar de invadir Egipto, se retiró con su ejército a Capadocia. Enfurecido, Artajerjes II ordenó a las satrapías vecinas, Lidia y Licia, que sofocaran la rebelión, pero no pudieron vencer a las fuerzas de Datames.

Ariobarzanes, el sátrapa de Frigia, se unió a Datames en su rebelión en el 366 a. C. Ariobarzanes, hijo de Farnabazo, fue el sátrapa regente de Frigia. Cuando su hermano Artabazo intentó reclamar su cargo, Ariobarzanes se negó a renunciar a él. Ariobarzanes recibió financiación del rey Agesilao II de Esparta en su rebelión. Atenas también simpatizaba con su causa. Sin embargo, Ariobarzanes fue crucificado después de que su hijo Mitrídates lo traicionara ante Artajerjes.

Orontes I era el sátrapa de Armenia y yerno de Artajerjes II, ya que se casó con su hija Rodogona. Artajerjes no estaba satisfecho con una expedición militar que Orontes había dirigido a Chipre y lo destituyó de la satrapía de Armenia, enviándolo a Misia, en el noroeste de Turquía. Orontes reunió un ejército de mercenarios y se unió a Datames y Ariobarzanes, pero luego los traicionó a Artajerjes, esperando ser exonerado y recompensado por su suegro.

Otro rebelde fue Reomithres, que se unió a la revuelta en el 362 a. C. Fue enviado por sus secuaces a Egipto para pedir ayuda al faraón Teos (Tachos) de Egipto. Regresó con cincuenta barcos y quinientos talentos. Fue el héroe de la insurgencia hasta que, al igual que Orontes, traicionó a sus compañeros de conspiración, encadenándolos y enviándolos a Artajerjes. Datames y muchos otros rebeldes murieron en la batalla del 362 a. C., pero Artajerjes ofreció el perdón a la mayoría de los que sobrevivieron.

Mientras tanto, Atenas estaba experimentando un resurgimiento en Grecia después de darse cuenta de cómo los errores del pasado casi habían condenado a la ciudad. En el 378 a. C., lanzaron la Segunda Liga Ateniense, aunque tenía diferencias significativas con la primera. Todos los miembros de la ciudad-estado consiguieron mantener la autonomía local en una alianza descentralizada. Atenas fomentó los gobiernos democráticos, y cada ciudad-estado miembro tenía los mismos derechos de voto. Este enfoque discreto comenzó a quebrar el poder de Esparta.

Esparta perturbó la Paz de Antalcidas de Artajerjes II solo cinco años después de su promulgación al imponer una guarnición espartana en Tebas en el 382 a. C., ya que deseaba sofocar el creciente dominio de Tebas. Artajerjes no interfirió en ese momento, probablemente debido a su participación en Egipto. El general Pelópidas y otros líderes del gobierno tebano escaparon a Atenas y tramaron cómo derrocar el dominio de Esparta. El general Epaminondas se quedó en Tebas, entrenando en secreto a los jóvenes de la ciudad en la guerra.

Tres años más tarde, una docena de exiliados, entre ellos Pelópidas, volvieron a entrar en Tebas y, con la ayuda de los jóvenes, mataron a la oligarquía espartana y rodearon la fortaleza espartana. Los espartanos se rindieron y abandonaron Tebas ilesos, pero la maniobra instigó una guerra entre las dos ciudades-estado. Esparta atacó la región tres veces en siete años. Tebas evitó los grandes enfrentamientos, empleando tácticas de guerrilla contra Esparta. Al mismo tiempo, el líder militar de Tebas, Gorgidas, entrenó al «Batallón Sagrado», formado por trescientos guerreros a tiempo completo, en tácticas militares, armamento y habilidades a caballo.

Tebas aplastó decisivamente el poder de Esparta sobre Grecia en la épica batalla de Leuctra en el 371 a. C. Estuvo a punto de acabar en desastre para Tebas cuando los espartanos cogieron a la ciudad por sorpresa tras una rápida marcha hacia el norte. Cuando los tebanos se dieron cuenta de la llegada de los espartanos, apenas tuvieron tiempo de reunirse para defender su ciudad a solo siete millas de distancia. Los espartanos superaban en número a la infantería tebana, pero los tebanos pusieron en práctica una innovadora formación de falange y derrotaron a los espartanos. Esta extraordinaria e inesperada victoria elevó a Tebas como nueva potencia de Grecia.

Artajerjes finalmente se involucró enviando delegados a Delfos para formar la Paz Común entre Esparta y Tebas. Sin embargo, las negociaciones fracasaron cuando Tebas se negó a devolver a Esparta el territorio histórico de Mesenia, que se encontraba entre Tebas y el mar. En consecuencia, el delegado persa Filico, deseando un equilibrio de poder entre Tebas, Esparta y Atenas, financió un nuevo ejército para Esparta reclutando a dos mil mercenarios.

En el año 367 a. C., varias ciudades-estado griegas enviaron emisarios a Artajerjes II para intentar conseguir su apoyo. Artajerjes propuso un nuevo acuerdo de paz en el que Mesenia sería independiente y Atenas tendría que renunciar a su flota. Esta idea no gustó a nadie en Grecia, excepto a los tebanos. Esparta y Atenas decidieron apoyar a los sátrapas persas rebeldes para desestabilizar el Imperio aqueménida, enviando tropas para ayudar a Ariobarzanes en Frigia. Atenas también envió ayuda militar al faraón Teos en Egipto.

Las consecuencias de los torpes intentos de Artajerjes II por negociar la paz no solo causaron problemas dentro de su propio imperio, sino que el poder tebano también comenzó a explotar al ganar múltiples batallas con sus nuevas maniobras de falange y sus temibles lanzas largas. Controlaban amplias zonas del Peloponeso e invadieron Macedonia, tomando como rehén al hijo del rey, Filipo II. No sabían que el niño aprendería sus tácticas militares y que luego los dominaría como adulto. No solo eso, sino que también entrenaría a su hijo, Alejandro, que un día conquistaría el Imperio aqueménida.

Las reinas madre y las principales esposas de los reyes aqueménidas ejercían una considerable influencia sobre sus hijos y maridos. El rey solía tomar sus comidas con una u otra, y Nehemías, los coperos de Artajerjes I, mencionan a la reina sentada junto a su marido. Las mujeres prominentes de la realeza no estaban escondidas en algún harén, sino que participaban activamente en la vida de la corte. Varios historiadores hablan de las mujeres reales que acompañaban a los reyes persas en las campañas militares. Más adelante en la historia, Alejandro Magno capturó a la madre, la esposa y las hijas del rey Darío III en su campamento adyacente al campo de batalla.

La madre de Artajerjes II, Parisátide, había sido la principal consejera de su padre, y seguía influyendo en Artajerjes, lo que la puso en rivalidad con su amada esposa, Estatira. Estatira se relacionaba con el pueblo llano, lo que la hacía popular entre los ciudadanos del imperio. Amargamente celosa, Parisátide animó a Artajerjes a tomar muchas concubinas y no perdió la oportunidad de insultar a Estatira. Finalmente, asesinó a Estatira untando veneno en un lado de un cuchillo y cortando un pequeño pájaro asado por la mitad. Ofreció a Estatira el lado que había tocado el veneno mientras se comía la otra mitad. Artajerjes no pudo castigar a su poderosa madre, pero torturó a sus eunucos y ejecutó al sirviente que la ayudó en el asesinato.

Artajerjes II se dedicó con avidez a proyectos de construcción en todo el imperio, especialmente en Persia. Restauró el exquisito palacio de Susa que erigió Darío I y reconstruyó las fortificaciones de Susa. En la ciudad de Ecbatana, en Media, construyó una nueva Apadana, su gran sala de audiencias, que contaba con encantadoras columnas que sostenían un techo, pero con tres de sus cuatro lados abiertos; era una especie de elaborada veranda. También decoró Ecbatana con encantadoras esculturas. Construyó numerosos templos a la diosa Anahita por todo el imperio y, como era habitual entre los reyes persas, construyó su propia tumba en Persépolis. En ella había un bajorrelieve de él mismo y representantes de todas las etnias de su extenso imperio.

Esta representación de la Apadana de Persépolis puede haber reflejado la de Ecbatana

https://commons.wikimedia.org/wiki/File:Persepolis_Reconstruction_Apadana_Chipiez.jpg

Según Plutarco, Artajerjes quería resolver el asunto de la sucesión antes de su muerte para que su heredero no sufriera el intento de golpe de estado que sufrió por parte de su hermano Ciro[33]. El hijo mayor de su reina era Darío, pero su hijo menor, Oco, maquinó para conseguir el nombramiento de su padre como príncipe heredero. Cortejó a su hermanastra Atossa, la hija favorita de Artajerjes, pensando que su padre querría que fuera la próxima reina. Pero Artajerjes proclamó a su hijo Darío, de cincuenta años, como su heredero al trono.

Pero entonces Darío pidió a su padre la mano de Aspasia en matrimonio; ella había sido la consorte de Ciro el Joven. Artajerjes, al considerarlo impropio, nombró a Aspasia sacerdotisa de Anahita, lo que significaba que debía ser sexualmente casta por el resto de su vida. Consternado, Darío se unió a unos conspiradores que tramaron asesinar a Artajerjes en su cama. Al enterarse del complot, el rey escapó deslizándose en una habitación oculta detrás de su cama. Ordenó la decapitación de Darío.

Con Darío muerto, las esperanzas de Oco de convertirse en príncipe heredero se habían renovado, pero aún tenía dos rivales. Ariaspes era el único hijo que le quedaba a la reina Estatira, y Arsames era hijo de una concubina, pero el favorito de su padre. Oco engañó a Ariaspes haciéndole creer que su padre planeaba matarlo y, desesperado, se suicidó. Artajerjes lloró por Ariaspes y sospechó de Oco, pero no pudo demostrarlo. Oco mató entonces a Arsames, y Artajerjes II, que ya estaba cerca de la muerte, murió de pena en el 358 a. C.

---

[33] Plutarco, *Las vidas paralelas: La vida de Artajerjes* (The Loeb Classical Library edition) https://penelope.uchicago.edu/Thayer/E/Roman/Texts/Plutarch/Lives/Artaxerxes*.html

Capítulo 11: Artajerjes III y la segunda conquista de Egipto

Tras eliminar a los principales contendientes en su sangriento camino hacia el trono, Oco obtuvo la corona en el 358 a. C., con el nombre de Artajerjes III. El historiador macedonio Polieno dijo que Oco se confabuló con los eunucos, mayordomos y guardias del palacio para mantener en secreto la muerte de su padre durante diez meses mientras consolidaba su gobierno. Mientras tanto, falsificó cartas, supuestamente de su padre, nombrando a Oco como heredero. Una vez que los súbditos de Oco lo reconocieron como rey, anunció la muerte de Artajerjes II y decretó un periodo de luto. Sin embargo, todavía tenía más de cien hermanos que podían desafiarlo. Según el historiador romano Justino, masacró a la mayoría de los varones reales —ocho en un día. Incluso mató a algunas de sus hermanas.

Un año antes de este baño de sangre, Filipo II ascendió al trono de Macedonia, un extenso país al norte de Grecia con poca importancia o poder. Conmocionado por una sucesión de asesinatos en el seno de la familia real, se enfrentaba a la extinción de sus fuertes y belicosos vecinos. Filipo pasó su adolescencia como rehén en Tebas, y luego regresó a Macedonia, altamente entrenado en habilidades tácticas y listo para enseñar nuevas estrategias de batalla a sus militares.

Introdujo su nueva y mortífera arma, la sarisa: una enorme lanza de hasta seis metros de largo y más de cinco kilos de peso. Filipo utilizó las sarisas en su nueva y aterradora formación de falange. La formación de su ejército fue el primer paso en su asombroso plan de engullir toda Grecia. Pero eso era solo el comienzo de sus ambiciones. Su objetivo final era utilizar un enorme ejército griego de coalición para dominar al Imperio aqueménida y convertirse en su próximo rey. ¿Podría Artajerjes III (Oco) resistir el desafío?

Plutarco dijo de Artajerjes III: «En la crueldad y en la sangre, superó a todos». Los relatos antiguos sobre Artajerjes III coinciden en que era la maldad personificada. Sin embargo, el historiador moderno Leo Mildenberg argumentó que Artajerjes III fue víctima de la mala prensa en la antigüedad. Señaló que Artajerjes III fue un gobernante relativamente benigno una vez que consolidó su sucesión. El enérgico Artajerjes III fortaleció el imperio, recuperando su antiguo prestigio y poder. El arte, la arquitectura y la acuñación de monedas florecieron durante su reinado en un renacimiento cultural acompañado de prosperidad económica[34].

Artajerjes Oco aportó una renovada confianza y solidez al imperio, generando un aumento del comercio local y exterior. La economía griega decayó durante su reinado, mientras que el comercio aqueménida en el Egeo occidental y el Mediterráneo prosperó. El orador ateniense Isócrates instó con vehemencia a Filipo II a invadir el Imperio aqueménida, quejándose: «A los bárbaros les va mejor que a los griegos». (Los griegos llamaban *bárbaros* o «charlatanes» a todo aquel que no hablara griego).

Artajerjes III gobernó su extenso imperio como una confederación con una autoridad central. Reforzó la posición de los sátrapas sobre sus provincias casi hasta la autonomía política. Un atributo positivo fue su capacidad para generar confianza mutua con sus sátrapas, lo que ayudó a mantener la estabilidad dentro del imperio. Sin embargo, se enfrentó a varias rebeliones, y el primer rebelde fue Artabazo, el sátrapa de Frigia.

El hermanastro mayor de Artabazo, Ariobarzanes, se había rebelado contra Artajerjes II, quien lo ejecutó por crucifixión. Los

---

[34] Leo Mildenberg, "Artaxerxes III Ochus (358 - 338 B.C.): A Note on the Maligned King", *Zeitschrift Des Deutschen Palästina-Vereins (1953-)* 115, no. 2 (1999): 201-27. http://www.jstor.org/stable/27931620.

hermanos eran hijos de Farnabazo II, cuya segunda esposa, Apame, era hija de Artajerjes II, por lo que Artabazo era nieto del rey. Artabazo se convirtió en sátrapa de Frigia, pero el rey Artajerjes III, su tío, lo quería muerto. Artabazo descendía de Darío el Grande por parte de su padre. Con la princesa Apame como madre, Artajerjes lo consideraba un rival para el trono.

Al darse cuenta del peligro que corría, Artabazo se rebeló preventivamente con la ayuda de un ejército de mercenarios atenienses y se asoció con Memnón y Mentor de Rodas, los hermanos de su esposa. La hija de Artabazo, Barsine, se casó con su tío Mentor; tras su muerte, se casó con Memnón. Con sus aliados griegos, Artabazo obtuvo una asombrosa victoria en Frigia contra tres sátrapas vecinos en el año 355 a. C., que los griegos calificaron con júbilo como «un segundo Maratón».

Artajerjes Oco, furioso, exigió a Atenas que retirara su apoyo a Artabazo. Temiendo las represalias de Persia, Atenas cedió, por lo que Artabazo reclutó desesperadamente un ejército tebano de cinco mil hombres, que volvió a triunfar contra las fuerzas de Artajerjes. Artajerjes III recurrió entonces a sobornar a los mercenarios de Artabazo y finalmente lo capturó. Pero Memnón y Mentor continuaron luchando a favor de Artabazo y consiguieron liberarlo.

Artabazo huyó a Macedonia con Memnón y su numerosa familia. Filipo II los acogió amablemente, y Artabazo se hizo amigo de su hijo Alejandro (el Grande). Permanecieron en Macedonia durante casi una década, y varios historiadores registraron que la hija de Artabazo, Barsine, se convirtió en la esposa o amante de Alejandro. Lo primero era poco probable, ya que estaba casada con Mentor. Sin embargo, es posible que fuera la amante de Alejandro cuando Mentor estaba en Egipto, luchando como mercenario para el faraón Nectanebo II. Después de que ella regresara a Asia, Alejandro los invadió. La capturó junto con la familia del rey Darío III, por lo que podría haberse convertido en su amante entonces.

Nectanebo envió a Mentor con cuatro mil mercenarios a luchar por la ciudad fenicia de Sidón, que se había rebelado contra Artajerjes III. Mentor era un general excepcionalmente hábil que al principio obtuvo varias victorias hasta que los persas lo capturaron en el 346 a. C. Artajerjes Oco evaluó la situación: podía matar al rebelde o aprovechar su experiencia. Artajerjes ofreció clemencia a

Mentor y luego lo envió de vuelta a Egipto para que luchara en el bando persa.

Las sensacionales victorias de Mentor en Egipto provocaron el indulto de su hermano Memnón y de su suegro Artabazo. Ambos regresaron a Asia en el 342 a. C., informando a Artajerjes III de los planes de Filipo II para invadir el Imperio persa. Doce años más tarde, Artabazo y sus hijos lucharon contra la invasión macedonia-griega. Tras perder, Artabazo se rindió a su viejo amigo Alejandro, quien lo nombró consejero y sátrapa de Bactriana.

Mildenberg destacó la gentileza de Artajerjes Oco hacia Artabazo. «Oco tuvo que hacer limpieza después de su padre y lidiar con los intentos de rebelión en los años cincuenta. Los pocos rebeldes persas implicados huyeron al extranjero o buscaron el perdón en Susa tras su completo fracaso. No hubo venganza alguna por parte de Oco, especialmente contra Artabazo, pero los historiadores modernos parecen seguir dando por sentada su generosidad»[35].

El intento del padre de Artajerjes Oco de reconquistar Egipto había terminado en un vergonzoso fracaso, pero él estaba decidido a prevalecer. Diodoro dice que era «poco belicoso», por lo que probablemente se quedó en casa, pero envió a sus generales a dirigir una campaña militar en Egipto en el 351 a. C., enfrentándose al faraón Nectanebo II. Pero el faraón contaba con un gran apoyo de mercenarios griegos, y las fuerzas persas eran inexpertas y demasiado cautelosas. Las fuerzas aqueménidas sufrieron una brutal derrota tras un año de guerra y se retiraron. Sin embargo, la inquebrantable determinación de retomar Egipto impulsó a Artajerjes, sobre todo porque su fracaso inicial despertó el desprecio de fenicios y chipriotas, lo que provocó nuevas revueltas[36].

En la costa fenicia del Líbano se encontraba Sidón, una de las ciudades más antiguas del mundo. Ha estado habitada de forma ininterrumpida desde el año 4000 a. C. Fantástica por su comercio marítimo, Sidón era también famosa por su fabricación de vidrio desde al menos el siglo VIII a. C., así como por el tinte púrpura

---

[35] Mildenberg, "Artaxerxes III Ochus", 212.
[36] Diodoro Sículo, *Biblioteca histórica*, Volumen II: Libro XVI, Loeb Classical Library Edition.
https://penelope.uchicago.edu/Thayer/E/Roman/Texts/Diodorus_Siculus/16C*.html

elaborado con el caracol marino Murex trunculus. Cuando Fenicia cayó en manos de Persia, Sidón se convirtió en la sede del gobierno y el cuartel militar aqueménida de la región. Los sidonios, cada vez más irritados por el complejo de superioridad de los persas, lideraron al resto de los fenicios en una campaña por la independencia.

Los fenicios se aliaron con el faraón Nectanebo de Egipto contra su enemigo común, Persia. Como naciones marítimas, tanto Egipto como Fenicia tenían muchos barcos para una armada de coalición, y los egipcios proporcionaron cuatro mil mercenarios griegos dirigidos por Mentor. Sus hostilidades contra los persas comenzaron cortando el parque real que los reyes persas utilizaban en Fenicia. Quemaron los almacenes de forraje para caballos que mantenían para las guerras persas y arrestaron a los insolentes aristócratas persas que les habían hecho la vida imposible.

Enfurecido por la nueva insurgencia en Fenicia, Artajerjes Oco se preparó para la guerra, pero esta vez, él dirigiría a sus hombres. Reunió a 300.000 soldados de infantería, 30.000 de caballería, 300 buques de guerra y 500 barcos de abastecimiento junto con alimentos, armas y máquinas de asedio. Normalmente, los reyes persas utilizaban a los fenicios y a los egipcios para tripular sus barcos de guerra, pero en este caso, luchaba contra ambos países, por lo que dependía de mercenarios griegos. Mientras Artajerjes III marchaba de Babilonia a Fenicia, los sátrapas persas de Siria y Cilicia dirigieron sus ejércitos conjuntos en el primer ataque a Fenicia. El general Mentor los derrotó con contundencia y los expulsó.

Mientras tanto, inspiradas por Egipto y Fenicia, las nueve ciudades de la gran isla de Chipre, frente a la costa del Líbano, se declararon independientes de Persia. Indignado, Artajerjes pidió a Hidrieo, gobernante de Caria, en la costa suroeste de Turquía, que enviara su infantería y caballería a Chipre. Hidrieo envió a Chipre cuarenta trirremes y ocho mil soldados, que estaban al mando de Foción de Atenas y del depuesto rey Evágoras II, cuya familia había gobernado Chipre desde la caída de Troya. Foción y Evágoras recogieron tantos botines de guerra en su asalto inicial a la próspera isla que las tropas sirias y cilicias se apresuraron a ayudar en la lucha y a recoger el botín para ellos. Esto duplicó el tamaño de las fuerzas persas en la isla, desatando el pánico entre los reyes chipriotas. Todos ellos se rindieron a Persia, excepto el soberano de Salamina.

Cuando Artajerjes III llegó a Fenicia con su gigantesco ejército, el gobernante de Sidón, Tennes, se dio cuenta de que sus hombres no podrían derrotar a los persas. Llegó a un acuerdo secreto con Oco: entregaría Sidón y lucharía con Artajerjes contra Egipto, donde conocía los mejores puertos. Tennes partió de Sidón con quinientos soldados y cien miembros de la élite de la ciudad, que pensaban que iban a reunirse con los demás líderes fenicios.

En cambio, Tennes entregó a los ciudadanos más destacados a Artajerjes, que los ejecutó por instigar la insurrección. En ese momento, otros quinientos miembros de la nobleza sidonia, sin saber de la duplicidad de Tennes, se acercaron a Artajerjes agitando ramas de olivo en señal de paz. Artajerjes llamó a Tennes y le dijo: «Aceptar la rendición de los sidonios no es suficiente para mí. Necesito sembrar el terror en el resto del imperio, para que nadie más se subleve. Mi objetivo es aplastar a Sidón por completo. ¡Haced que eso ocurra!»

Artajerjes Oco ordenó a sus arqueros que dispararan a los quinientos sidonios que agitaban ramas de olivo. Mientras tanto, Tennes conspiró con los mercenarios griegos de Artajerjes para dirigir las fuerzas del rey dentro de la ciudad, revelando cómo entrar. El doble juego de Tennes acabó con su ejecución, ya que Artajerjes no lo necesitaba. Mientras esperaban el asalto persa, los ciudadanos de Sidonia quemaron sus barcos para evitar que alguien se escabullera en lugar de luchar.

Pero cuando vieron que el rey Artajerjes y sus hombres habían superado las murallas y deambulaban por las calles, perdieron toda esperanza. Tras reunir a sus familias y sirvientes en sus casas, los sidonios atrincheraron sus puertas y quemaron sus casas. Cuarenta mil perecieron en la inmolación, y mucho oro y plata se fundieron en las llamas. Las demás ciudades fenicias se rindieron inmediatamente a Artajerjes[37].

Inmediatamente después de arrasar Sidón, Artajerjes desplegó sus fuerzas en Egipto con sus aliados griegos de Argos, Jonia y Tebas. Artajerjes creía que él y su padre se habían equivocado al no

---

[37] Diodoro Sículo, *Biblioteca histórica*, Volumen II: Libro XVI.

acompañar a sus generales en sus fallidos intentos de retomar Egipto. Su padre había adoptado una actitud de *laissez-faire* ante el antagonismo entre sus generales, y Artajerjes sentía que a sus propios generales les faltaba confianza y habilidades tácticas. Esta vez, fue un comandante práctico, que controlaba firmemente a sus oficiales. El principal general de Artajerjes era su mejor amigo y visir, el eunuco Bagoas, que más tarde lo asesinaría a él y a la mayor parte de su familia.

A su paso por la península del Sinaí, el ejército tuvo que navegar por las ciénagas de Barathra, perdiendo muchos hombres en las arenas movedizas. El viento arrastraba la arena de las dunas del desierto circundante sobre la superficie del profundo pantano. Las ciénagas parecían formar parte del desierto hasta que uno pisaba y se hundía bajo la superficie, incapaz de nadar en el espeso fango. Tras cruzar el pantano, los hombres llegaron a la ciudad de Pelusio, donde uno de los afluentes del Nilo desemboca en el Mediterráneo. Era la misma ciudad que Cambises había derrotado anteriormente con gatos, perros, ibis y carneros.

El faraón Nectanebo había fortificado Pelusio con veinte mil mercenarios espartanos, veinte mil libios, sesenta mil egipcios de la casta guerrera e innumerables barcos de guerra amarrados en el río. El primer día, los aliados tebanos de los persas se lanzaron temerariamente hacia la ciudad para demostrar que eran mejores guerreros que los espartanos. La batalla de ese día fue una contienda inconclusa entre las dos facciones griegas.

A pesar de contar con una formidable defensa, el exceso de confianza del faraón Nectanebo II supuso su perdición. Siempre había vencido a Persia antes, y tenía la total confianza de hacerlo esta vez. Se negó a compartir el mando con sus experimentados generales atenienses y espartanos. Esa noche, el general persa de las Argives cruzó el río en barco, guiado por egipcios cuyas familias eran rehenes de los persas. Entró en un canal secreto y entabló batalla al pie de las murallas de la ciudad, matando a más de cinco mil de las fuerzas egipcias.

Atónito, el faraón Nectanebo huyó hacia el sur, a la capital, Menfis. Los persas tomaron entonces Pelusio con su viejo truco de desviar el río hasta que se secara y luego llevar las máquinas de asedio hasta las murallas. Cuando las catapultas rompieron las murallas, los mercenarios griegos las repararon rápidamente con madera. Esto duró varios días hasta que los griegos se dieron cuenta de que Nectanebo y los egipcios habían abandonado la ciudad. Se rindieron y Artajerjes les permitió regresar a Grecia con todo el botín de Pelusio que pudieran llevar a sus espaldas[38].

El general Mentor y Bagoas conquistaron una ciudad egipcia tras otra, derribando sus murallas y saqueando los templos; el sacrilegio instigó un gran odio hacia los persas. Varias décadas después, los egipcios recibieron a Alejandro Magno como su libertador de Persia. Nectanebo II huyó a Etiopía con su familia junto con todas las posesiones que pudo llevar. La asombrosa victoria supuso el control de los puertos comerciales y el suministro de grano de Egipto, lo que provocó un importante crecimiento económico en Persia.

Esta moneda representa a Artajerjes III como faraón de Egipto

Classical Numismatic Group, Inc. http://www.cngcoins.com, CC BY-SA 3.0 <https://creativecommons.org/licenses/by-sa/3.0/>, vía Wikimedia Commons; https://commons.wikimedia.org/wiki/File:Artaxerxes_III_as_Pharao.jpg

En el año 340 a. C., el Imperio aqueménida vivió su primer encuentro con Macedonia cuando ambas potencias se enfrentaron en Tracia. Múltiples tribus habían gobernado divisiones de Tracia hasta que cayó bajo el control del Imperio aqueménida bajo Darío

---

[38] Diodoro Sículo, *Biblioteca histórica*, Volumen II: Libro XVI.

el Grande. Después de que los griegos expulsaran a los persas de Tracia, esta quedó dividida en cuatro reinos. Pero ahora, el rey Filipo II de Macedonia estaba conquistando ciudades y estableciendo guarniciones macedonias en Tracia.

El rey Cersobleptes gobernaba Odrisia, el mayor reino tracio. Intentaba unificar Tracia, lo que lo llevó a competir con Filipo II. Perdió una batalla contra Filipo en el 352 a. C. y tuvo que enviar a su hijo como rehén a Macedonia. Ahora, los tracios se defendían de otro ataque de Filipo II de Macedonia en Perinto, una ciudad estratégica en el mar de Mármora, justo al oeste del Helesponto. Artajerjes había firmado inicialmente un tratado de amistad con Filipo, pero se alarmó por las conquistas macedonias tan cerca del territorio persa y envió fuerzas para ayudar a Tracia.

Los sátrapas aqueménidas rechazaron con éxito a Filipo II de la ciudad de Perinto; sin embargo, la respuesta de Artajerjes careció de la tenacidad habitual. Cuando Filipo se retiró, Artajerjes Oco no lo persiguió, ni intentó retomar Tracia, que servía de zona tampón entre Macedonia y los territorios del Imperio aqueménida. Sus generales habían demostrado que podían movilizar sus fuerzas con rapidez, por lo que se mostró demasiado confiado. Subestimando la amenaza en que se estaba convirtiendo Macedonia, la deslucida campaña de Artajerjes permitió desarrollos que más tarde resultaron letales para su sucesor Darío III y condenaron al Imperio aqueménida.

Tras el éxito estelar de Artajerjes en la reconquista de Egipto y la extinción de insurrecciones en Sidón, Asia Menor y Chipre, disfrutó de un imperio estable y próspero. Todo se vino abajo cuando Bagoas lo envenenó. El historiador Diodoro describió a Bagoas como avaro y traicionero, y de hecho lo era, pero era el amigo más cercano de Artajerjes III. Artajerjes admiraba a Bagoas por su audacia y confiaba en él implícitamente. Había nombrado a Bagoas visir, convirtiéndolo en el segundo del reino. Pero Bagoas se transformó en un megalómano ávido de poder.

La muerte de Artajerjes Oco III por envenenamiento llevó a su hijo Arsés (Artajerjes IV) al trono. Arsés tenía hermanos mayores, pero Bagoas orquestó los acontecimientos para coronarlo, esperando poder manipular fácilmente al joven y gobernar a través de él. Durante los dos años de reinado de Artajerjes Arsés IV, el rey Filipo II de Macedonia completó su conquista de toda Grecia para preparar la invasión del Imperio persa.

Inquieto bajo el control de Bagoas, el rey Arsés intentó envenenarlo, pero no lo consiguió, y a su vez fue envenenado por Bagoas. Artajerjes III había aniquilado a la mayoría de los varones de la realeza al principio de su reinado. Bagoas envenenó a todos los herederos restantes, sin dejar ningún varón vivo en la línea directa de Artajerjes III.

Finalmente, Bagoas llevó al trono a un joven que identificó como bisnieto de Darío II. Pero Darío III resultó ser demasiado testarudo y espabilado para el gusto de Bagoas. Era hora de otro envenenamiento. Pero Darío no iba a ser otra de las víctimas de Bagoas. Sospechando que el asesinato estaba en marcha, Darío entregó su copa a Bagoas. «¡Haced un brindis por mí!»

Bagoas miró el vino tinto en la copa de oro, intentando desesperadamente pensar en una forma de escapar. Pero no había ninguna. Levantó la cabeza y alzó la copa. «¡Por el vencedor!»

Mientras los asistentes de Darío sacaban el cadáver de Bagoas de la sala, él se recostó en su trono. Ahora podía concentrarse en gobernar el imperio y enfrentar su mayor desafío: Macedonia.

Capítulo 12:
Darío III y Alejandro Magno

En Babilonia, dos siglos antes, Daniel el vidente tuvo una visión en la que se encontraba en Elam, en el río junto a Susa. Miró hacia arriba y vio un carnero con dos cuernos largos, uno más largo que el otro, aunque el cuerno más largo había empezado a crecer más tarde que el cuerno más corto. El carnero quitaba todo de su camino hacia el oeste, el norte y el sur, y nadie podía oponerse a él. Hacía lo que quería y se hizo muy grande.

De repente, un macho cabrío desgreñado con un enorme cuerno entre los ojos apareció por el oeste, cruzando la tierra con tanta rapidez que ni siquiera tocó el suelo. Cargó con furia contra el carnero de dos cuernos, lo golpeó y le rompió ambos cuernos. Ahora el carnero estaba indefenso, y la cabra desgreñada lo derribó y lo pisoteó. La cabra desgreñada se hizo cada vez más poderosa, pero su gran cuerno se rompió en la cima de su poder. En su lugar crecieron cuatro cuernos prominentes.

Mientras Daniel intentaba comprender la visión, apareció el ángel Gabriel. Aterrorizado, Daniel cayó con la cara en el suelo, pero Gabriel le ayudó a ponerse en pie. «Hijo de hombre, el carnero de dos cuernos representa a los reyes de Media y Persia. El macho cabrío desgreñado representa al rey de Grecia, y el gran cuerno que tiene entre los ojos representa al primer rey del Imperio griego. Los cuatro cuernos prominentes que sustituyeron al cuerno grande muestran que el Imperio griego se dividirá en cuatro reinos, pero ninguno tan grande como el primero»[39].

Corría el año 336 a. C. y Darío III se paseaba de un lado a otro de su balcón con el ceño fruncido. Había gobernado la satrapía de Armenia, que le había sido concedida por Artajerjes III por su valor en la batalla, pero nunca imaginó ser rey de todo el Imperio aqueménida. ¿Y qué iba a hacer con Filipo II?

Mientras Bagoas asesinaba a la realeza aqueménida, Filipo de Macedonia conquistó toda Grecia excepto Esparta. Las ciudades-estado griegas se unieron bajo la Liga de Corinto y, con Filipo II como comandante en jefe, declararon la guerra al Imperio aqueménida. Para ellos, era una guerra sagrada, un castigo por la profanación y el incendio de los templos de Atenas por parte de los persas más de un siglo antes.

Los años de intrigas y el arduo trabajo de Filipo habían dado sus frutos. Todo estaba en su lugar para dirigir una fuerza griega masiva en Persia. Filipo acababa de enviar una fuerza de avance de diez mil soldados macedonios a través del Helesponto hacia Asia. Ya habían tomado las ciudades costeras desde Troya hasta Mileto. Darío se secó el sudor de la frente. ¿Podría detener a Filipo?

Justo entonces, el visir de Darío entró corriendo.

—¡Señor! —jadeó—. ¡Tengo noticias asombrosas! ¡Filipo II ha muerto!

—¿Qué? ¿Muerto? ¿Qué ha pasado? —Darío se giró, incrédulo.

—¡Asesinato, señor! Su amante despechada lo apuñaló hasta la muerte.

Darío se rió.

—¿Mi némesis fue asesinado por una mujer?

—No, señor, su guardaespaldas. Filipo estaba celebrando una boda para su hija, ¡y su guardaespaldas sacó de repente su daga y lo apuñaló!

—¡No puedo creer mi buena suerte! —exclamó Darío—. Entonces, ¿qué significa esto? ¿Es Alejandro el rey ahora?

---

[39] Daniel 8. Tanaj: Ketuvim: Libro de Daniel.

—¡Sí! ¡Y creo que la amenaza macedónica ha sido eliminada! El ejército de Filipo está confinado a una pequeña cabeza de playa cerca de Abidos. ¿Quién sabe si el joven Alejandro quiere renovar los planes de Filipo? Y si es así, ¿podría hacerlo? Solo tiene veinte años, y dudo que pueda mantener a los griegos unidos con su padre muerto. He oído que Atenas, Tebas y Tesalia ya se han retirado de la Liga de Corinto, y que Tracia se ha rebelado.

Puede que Darío III no estuviera tan alegre si hubiera sabido más sobre Alejandro. Sí, Alejandro solo tenía veinte años, pero el gran filósofo Aristóteles fue su tutor en la infancia, y su padre, Filipo II, lo educó en el campo de batalla durante su adolescencia. A los dieciocho años, Alejandro obtuvo una victoria épica con su padre contra Atenas y Tebas en la batalla de Queronea. Cuando subió al trono ya era un brillante general y un hábil estadista. Incluso estaba preparado para dirigir la campaña de su padre contra el Imperio aqueménida. Pero primero tuvo que volver a controlar a Grecia.

Volver a poner a Grecia en línea le llevó casi dos años. Primero, los estados griegos del sur capitularon, disculpándose por su desafío. A continuación, Alejandro domó los estados del norte, pero Atenas y Tebas se rebelaron de nuevo mientras eso ocurría. Alejandro arrasó Tebas, esclavizando a sus ciudadanos, lo que influyó para que Atenas se rindiera. Una vez más, toda Grecia, excepto Esparta, se unió bajo un solo líder: Alejandro. Con más de cincuenta mil hombres y seis mil caballos de guerra, Alejandro marchó hacia el Helesponto con su veterano general Parmenión, cruzando a Jonia en el 334 a. C. Mientras tanto, su flota de 120 barcos de guerra, con una armada de 38.000 hombres, cruzó el mar Egeo.

Darío III se quedó en su palacio de Persépolis (Persia), suponiendo que Alejandro solo atacaría Jonia. Sin duda, sus sátrapas, astutos y curtidos en mil batallas, podrían hacer huir a los griegos. Darío nunca imaginó que Alejandro había puesto sus ojos en todo el Imperio aqueménida. Pero uno de sus generales, Memnón de Rodas, lo sabía. Décadas antes, había huido a Macedonia con su cuñado Artabazo cuando su revuelta en Frigia contra Artajerjes II había fracasado. Conocía personalmente a Filipo II y a Alejandro, y sabía de sus planes y de las capacidades del ejército macedonio-griego.

Memnón ya había luchado contra las primeras fuerzas de avance de Filipo II que fueron enviadas a Jonia en el 336 a. C. Tras el asesinato de Filipo, Memnón había derrotado a los desmoralizados macedonios cerca del río Menderes, haciéndolos retroceder a Europa. Ahora, mientras él y los sátrapas persas rastreaban la aproximación de Alejandro, instó a una estrategia de tierra quemada. «Quemad los campos, cortad los árboles frutales, eliminad todos los suministros y trasladad a todos al interior. Si él es incapaz de alimentar a su ejército, se verá obligado a irse. Y enviad un mensaje al rey Darío para que los espartanos empiecen a atacar las otras ciudades griegas y así las fuerzas de Alejandro se retirarán y volverán a casa a defender sus ciudades».

Pero los sátrapas persas no confiaban del todo en Memnón; después de todo, era étnicamente griego. «¿Por qué íbamos a destruir nuestras propias fuentes de alimentos y suministros? Si huimos, pareceremos débiles, lo que estimulará a los griegos. No, marcharemos a su encuentro en el río Gránico».

Las fuerzas persas se alinearon en la alta cresta de la orilla oriental del Gránico, a la espera de las fuerzas macedonias-griegas. Los hombres de Alejandro tendrían que vadear el agua y escalar la cresta para enfrentarse a los persas. Los persas tenían la ventaja de estar cuesta arriba, y enviaban andanadas de flechas que oscurecían el sol. Observaron la llegada del ejército de Alejandro, pero era el final de la tarde, por lo que no esperaban que fraguase el río hasta la mañana.

En cambio, las fuerzas de Alejandro se pusieron rápidamente en formación: la caballería en los flancos y la infantería en el centro, en la letal formación de falange macedonia. Sus lanzadores de jabalina búlgaros, la infantería de élite y los arqueros también estaban en el lado derecho. De repente, la caballería cargó al otro lado del río y subió por la orilla. Mientras los persas se enfrentaban a los caballos de guerra que subían por la cresta, el resto del ejército se zambulló en el río y lo vadeó, defendiéndose de una lluvia de jabalinas y flechas.

Representación de Charles le Brun del ataque por la retaguardia de Espitrídates a Alejandro

<u>https://commons.wikimedia.org/wiki/File:Spithridates_attacking_Alexander_from_behind_at_the_Battle_of_Granicus.jpg</u>

Al llegar a la cima de la colina, Alejandro empaló inmediatamente al yerno de Darío, Mitrídates, en la cara con su jabalina. Espitrídates, el sátrapa persa de Jonia y Lidia, se acercó por detrás de Alejandro y le asestó un golpe en la cabeza con su hacha de guerra. Su casco se partió en dos, pero, sorprendentemente, Alejandro no resultó herido. Espitrídates levantó el brazo para volver a golpear, pero justo en ese momento, el amigo íntimo de Alejandro, Clito el Negro, atravesó a Espitrídates con su lanza.

La infantería griega había conseguido cruzar el río y cargó contra la colina con sus letales sarisas de tres metros. La caballería persa, ya desconcertada, huyó a Halicarnaso mientras los griegos diezmaban la infantería persa en el centro. Tras la terrible derrota de los persas, la mayoría de las ciudades-estado jónicas bajo control persa se rindieron rápidamente, excepto Mileto y Halicarnaso, que eran importantes bases navales persas. Alejandro sitió con éxito los dos puertos, paralizando la armada persa.

Al final, Darío III, animado a luchar contra Alejandro en persona, dirigió su colosal ejército mientras Alejandro se acercaba a Cilicia, en la costa mediterránea. Darío pilló a Alejandro por sorpresa, acercándose a su retaguardia en la estrecha llanura costera entre el golfo de Issos y los montes Nur. Alejandro hizo girar sus fuerzas para enfrentarse a Darío. Sus unidades adoptaron rápidamente la misma formación que utilizaron en Gránico: la falange macedonia en el centro, el general Parmenión y la caballería griega a la izquierda, y la caballería e infantería de élite de Alejandro en el flanco derecho.

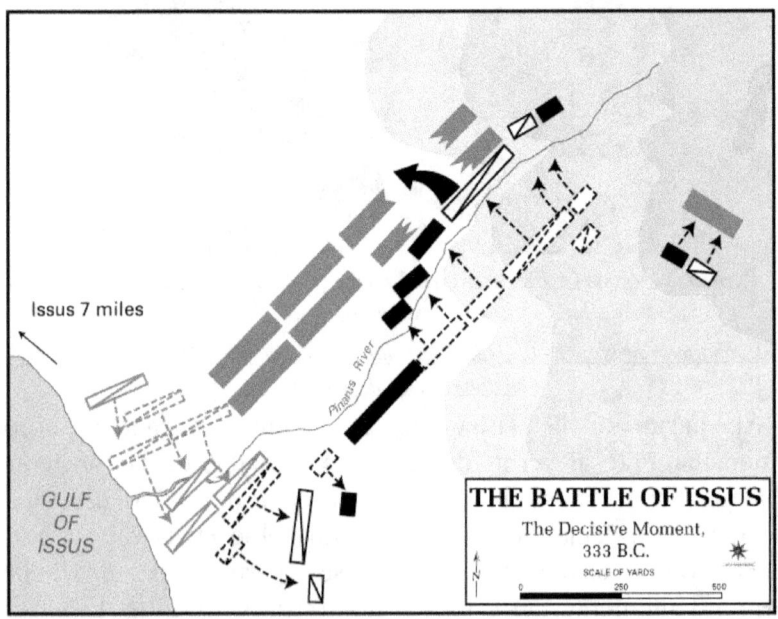

En la batalla de Issos, Alejandro cruzó el río Pinaros desde el sur

https://upload.wikimedia.org/wikipedia/commons/c/c4/Battle_issus_decisive.png

Los persas se alinearon al norte del río Pinaros, con su caballería pesada a la derecha, junto al mar, y Darío con su infantería mercenaria griega en posición de falange en el centro. Su infantería persa se alineó por la izquierda hasta las estribaciones, y algunos cruzaron el río y se acercaron al flanco derecho macedonio. La caballería persa lideró la carga a través del río, encontrándose con la caballería griega del general Parmenión.

Mientras las dos caballerías se enfrentaban en la playa, la caballería del flanco derecho de Alejandro se lanzó al río a toda velocidad, subiendo por la orilla opuesta y justo entre la infantería persa, rompiendo las líneas. Mientras tanto, la profundidad del río y la fuerte corriente obstaculizaban a la infantería griega de Alejandro con sus pesadas sarisas y armaduras. Los mercenarios griegos de la orilla norte los obligaron a retirarse temporalmente.

Pero la carga de la caballería de Alejandro desbarató la infantería persa y permitió que la infantería macedonia de élite del flanco derecho, dirigida por Alejandro a pie, cruzara el río sin problemas. También rompieron la línea persa. Alejandro saltó entonces sobre un caballo y dirigió a sus compañeros (la caballería macedonia) en una carga contra el rey Darío y sus guardaespaldas. Temblando de terror, Darío hizo girar su carro y huyó del campo con sus guardaespaldas.

En ese momento, Alejandro se dio cuenta de que la caballería de Parmenión y su infantería central estaban en una situación desesperada. En lugar de perseguir a Darío, destrozó la infantería persa por la retaguardia, recibiendo una estocada en el muslo. Al mismo tiempo, Parmenión resistió tenazmente a la caballería persa. Finalmente, las fuerzas persas se dieron cuenta de que el rey Darío había huido de la escena. Se detuvieron brevemente, miraron a las erizadas sarisas macedonias y corrieron hacia las montañas con las fuerzas de Alejandro pisándoles los talones.

La batalla de Issos fue otra derrota aplastante para el Imperio aqueménida. El pueblo estaba desmoralizado porque Darío abandonó a sus militares en medio de la batalla. Y lo que es peor, dejó atrás a sus mujeres. Alejandro capturó a la reina madre persa, a la reina y a las dos hijas de Darío, que habían acompañado al rey en su campaña. Trató a las mujeres y niñas reales con amabilidad, y más tarde se casó con Estatira II, una de las hijas.

En el año 332 a. C., Alejandro se abrió paso por la costa mediterránea. Todas las ciudades fenicias, excepto Tiro, se rindieron, incapacitando por completo la presencia naval de Persia en el Mediterráneo. La antigua Tiro resistió durante siete meses hasta que los barcos de fuego y las torres de asedio de Alejandro la pusieron de rodillas. Masacró a todos los hombres sanos y esclavizó a las mujeres y los niños. Mientras Alejandro estaba en Fenicia, recibió una carta del rey Darío ofreciéndole condiciones de paz: «Os daré mi amistad, mi hija en matrimonio, un gran pago por devolver mis mujeres, y toda Jonia».

Alejandro rechazó la oferta y continuó hacia Gaza. Sus ingenieros le dijeron que no podían utilizar sus máquinas de asedio en Gaza porque la ciudad estaba situada en una colina alta. Pero Alejandro se negó a aceptar su pronóstico.

Como la ciudad, que estaba en una colina, era demasiado alta para golpear las murallas con los misiles de sus máquinas de asedio, construyeron una pendiente junto a ella, hicieron rodar sus máquinas de asedio hacia arriba y demolieron las murallas de Gaza. Alejandro fue herido de nuevo por una flecha de alta velocidad que le atravesó el hombro a través de su escudo. Alejandro entró entonces en Egipto, aclamado como el libertador conquistador de la opresión de Persia. Incluso el sátrapa persa se inclinó ante él y le entregó el tesoro.

El rey Darío escribió otra carta a Alejandro, ofreciendo condiciones de paz aún más magnánimas.

—Os doy la mitad de mi imperio, mi hija en matrimonio y una fortuna en oro.

Alejandro resopló.

—Ya he adquirido una fortuna con las ciudades que he conquistado. Tengo a vuestras dos hijas y quiero todo el Imperio aqueménida, no la mitad.

La ruptura de las negociaciones de paz condujo a la batalla de Gaugamela, en el actual norte de Irak. Darío llegó a la batalla con el doble de hombres que Alejandro, elefantes de guerra procedentes de la India y carros con cuchillas que salían de las ruedas. Los griegos y macedonios nunca se habían enfrentado a los elefantes, ni tenían mucha experiencia con los carros. Aun así, poseían más entrenamiento y experiencia de batalla que las fuerzas persas.

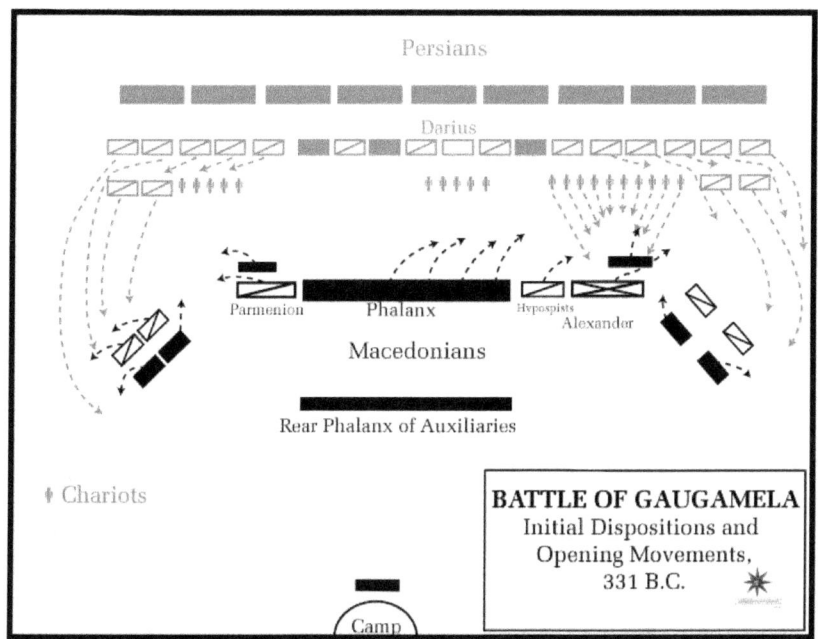

Darío atacó los flancos derecho e izquierdo de Alejandro en el inicio de la batalla de Gaugamela, mientras que Alejandro se centró en atacar el centro y el flanco izquierdo persas

https://commons.wikimedia.org/wiki/File:Battle_of_Gaugamela,_331_BC_-_Opening_movements.png

El rey Darío volvió a situarse en el centro con su infantería. Su caballería de Jonia, India, Mesopotamia, Media y Anatolia estaba en su flanco izquierdo, acompañada por mercenarios griegos y la infantería altamente entrenada de los Inmortales. En el flanco izquierdo tenía la caballería de Bactriana, Escitia y otras tribus de Asia Central. Alejandro utilizó la misma alineación que había usado siempre. Montó con su caballería macedonia en el flanco derecho, su infantería en el centro y Parmenión en el lado izquierdo con las caballerías griega y tracia.

Mientras Parmenión mantenía firme el flanco izquierdo mientras la caballería asiática cargaba, la infantería de Alejandro avanzaba por el centro en una posición de falange en forma de abanico cada vez más amplia. Mientras tanto, Alejandro dirigió su caballería hacia el extremo derecho para atraer el flanco izquierdo de Darío, lo que dejaría expuesto el centro de los persas. Su estratagema funcionó. La línea central de los persas se adelgazó, lo que permitió a la infantería griega penetrar en ella mientras la feroz caballería escita cargaba contra su flanco derecho en un feroz enfrentamiento. Los escitas habrían dominado a los macedonios, pero los lanzadores de jabalina búlgaros ayudaron a derrotarlos.

Darío envió entonces sus carros con cuchillas que sobresalían de las ruedas y que podían cortar a un hombre o a un caballo por la rodilla. Pero los griegos y los macedonios se limitaron a apartarse, abriendo un camino para que los carros pasaran, y luego atacaron a los carros por la retaguardia. En ese momento, la mayoría de los guerreros de ambos bandos estaban enzarzados en un combate cuerpo a cuerpo, pero ante las erizadas sarisas macedonias, Darío volvió a darse la vuelta y salió corriendo del campo de batalla.

Darío III huyó del campo (de nuevo), como se representa en esta talla de marfil

Luis García, CC BY-SA 3.0 <https://creativecommons.org/licenses/by-sa/3.0>, vía Wikimedia Commons; https://commons.wikimedia.org/wiki/File:Batalla_de_Gaugamela_(M.A.N._Inv.1980-60-1)_02.jpg

Al igual que en la batalla de Isso, Alejandro se apresuró a ayudar al flanco izquierdo de Parmenión, perdiendo sesenta de sus jinetes macedonios de élite en el brutal conflicto. Una vez que las fuerzas de Alejandro ganaron decisivamente la batalla, el general Parmenión recogió el botín, incluidos los elefantes que aparentemente no se utilizaron en la lucha. Mientras tanto, Alejandro persiguió a Darío, pero este consiguió escabullirse hacia el este. Entonces, Alejandro marchó con sus tropas a Babilonia, donde el pueblo lo aclamó con gran fanfarria como nuevo rey de Persia. Alejandro hizo de Babilonia su cuartel general durante el resto de su corta vida.

El rey Darío escapó a Ecbatana con los restos de su guardia real. Más tarde se reunió con su caballería bactriana, dos mil mercenarios griegos y el general Bessos, sátrapa de Bactriana. Darío planeó recuperarse, reunir un nuevo ejército y enfrentarse de nuevo a Alejandro. Decidió trasladarse a las llanuras de Bactriana, donde podía utilizar mejor su caballería en la batalla que en las montañas de Media.

Pero sus hombres empezaron a alejarse, temerosos de un nuevo ataque de Alejandro antes de que hubieran reunido sus fuerzas. Finalmente, Bessos organizó un golpe, ató a Darío y lo arrojó a una carreta de bueyes, justo cuando Alejandro llegó para un ataque sorpresa. Bessos y sus hombres empalaron a Darío con sus jabalinas y se marcharon corriendo, dejando a los macedonios para encontrar a Darío desangrándose en el borde del camino. Alejandro había esperado capturar a Darío vivo. Lamentablemente, le quitó el anillo de sello al último rey persa del Imperio aquemánida y envió el cuerpo de Darío a Persépolis para un funeral de Estado y su entierro en una tumba real.

Tras llegar a Bactriana, Bessos se declaró el nuevo rey de la parte oriental del imperio (Asia Central), tomando el trono con el nombre de Artajerjes V. Pero su imperio se desmoronó rápidamente. Sus compatriotas huyeron del país, se rindieron a Alejandro o sufrieron la derrota. Incluso los bactrianos se dieron cuenta de que cualquier victoria contra Alejandro era inútil. ¿Y qué sentido tenía? Alejandro parecía mantener a la mayoría de los líderes locales en su puesto y seguir el sistema de gobierno del Imperio aquemánida. Pero si protegían a Bessos, se arriesgaban a la ira de Alejandro.

De forma pragmática, los bactrianos entregaron a Bessos a los macedonios, que lo desnudaron y lo llevaron ante Alejandro, desnudo y atado con cuerdas. Alejandro siguió el protocolo persa para el regicidio, azotando públicamente a Bessos y cortándole la nariz y las orejas. Luego lo envió a Ecbatana, donde el hermano de Darío supervisó su crucifixión.

Una vez vengada la muerte de Darío III, Alejandro siguió hacia el este y conquistó el resto del Imperio aqueménida. Finalmente llegó al río Jaxartes, la frontera más oriental del imperio. La campaña final fue brutal para sus hombres, que estaban cansados de la batalla y ansiaban volver a casa con sus familias. También fue dura para Alejandro; una flecha le atravesó el peroné, rompiéndolo, y luego una roca le golpeó en la cabeza, provocando que no pudiera ver ni hablar durante un tiempo.

Alejandro adoptó las costumbres y la vestimenta persas, que sus hombres encontraron extrañas. También se volvió cada vez más errático e inestable mentalmente, lo que quizá fuera una consecuencia colectiva de varias heridas en la cabeza. Incluso mató a su amigo íntimo, Clito el Negro, mientras estaba borracho. En el 327 a. C., capturó a Roxana, una princesa sogdiana, y se casó con ella. Tras la muerte de Alejandro, dio a luz a su único hijo conocido. Tras cruzar las montañas del Hindu-Kush para explorar el subcontinente indio, Alejandro regresó finalmente «a casa», a Babilonia. Celebró una boda para unir a ochenta princesas persas con sus oficiales, uniendo a la élite macedonia y persa en una ceremonia simbólica de su nuevo imperio transcultural. Alejandro se casó el mismo día con la princesa Estatira, hija de Darío, y con Parisátide II, hija de Artajerjes III.

Pero en el año 323 a. C., Alejandro enfermó de fiebre y murió dos semanas después, a la edad de treinta y dos años, habiendo ganado todas las batallas en las que participó. El Imperio persa se sumió en el caos tras su muerte. Roxana asesinó a sus esposas persas, y ella y su hijo de Alejandro fueron envenenados posteriormente. El nuevo imperio de Alejandro abarcaba ahora todo el imperio persa original más Grecia, Tracia y la mayor parte del resto de la península de los Balcanes. ¿Cómo podía una persona gobernar tres continentes, y quién debía ser? Finalmente, sus generales dividieron el imperio, aunque los conflictos por esta decisión persistieron durante décadas. Gran parte de la parte asiática del Imperio persa siguió viviendo como Imperio seléucida, que sobrevivió durante casi 250 años bajo el dominio griego.

CUARTA PARTE: SOCIEDAD, CULTURA Y GOBIERNO DE LA ANTIGUA PERSIA

Capítulo 13:
Arte, cultura y religión

Los antiguos persas dejaron un impresionante legado de arte, cultura y tolerancia religiosa. Como imperio multiétnico, abrazaron una miríada de culturas al tiempo que conservaban los elementos centrales de las antiguas costumbres iraníes. Los aqueménidas fueron muy innovadores, desarrollando nuevas y sorprendentes técnicas artísticas y tecnológicas. Un pueblo increíblemente visual que apreciaba los colores brillantes y las obras de arte intrincadas, su fascinante arte y arquitectura aún capturan la imaginación.

Cuando los persas se establecieron en el antiguo Irán, se convirtieron en un pueblo multilingüe. Hablaban su antigua lengua indoiraní, conocida como ariya o persa antiguo, pero como vivían cerca de los pueblos de Elam y se mezclaban con ellos, también hablaban elamita. Cuando llegaron a Irán, eran aún analfabetos, por lo que adoptaron el elamita como lengua escrita. Sin embargo, bajo el reinado de Darío el Grande, o quizá ya en tiempos de Ciro el Grande, los persas desarrollaron una forma escrita de su antigua lengua. Se trataba de una escritura cuneiforme de izquierda a derecha, con treinta y seis caracteres fonéticos y varios logogramas o pictogramas.

El Imperio aqueménida utilizó el elamita hablado y escrito para administrar y comunicarse con sus lejanas provincias desde la época de Ciro el Grande hasta la de Darío el Grande. Las tablillas de arcilla que registraban los detalles financieros y administrativos de la vida cotidiana estaban en elamita. Sin embargo, las grandes inscripciones de los reyes grabadas en la roca estaban en tres idiomas: Elamita, persa antiguo y el dialecto babilónico del acadio. Con toda probabilidad, los persas utilizaban el elamita, pero no se utilizaba en el resto del imperio. Después del 458 a. C., el elamita parece haberse extinguido, ya que no aparece en los documentos. En la época de Artajerjes II, las inscripciones en persa antiguo eran tan imperfectas que indicaban que los escribas ya no entendían ni utilizaban la lengua.

Cuando Ciro estableció el imperio, los habitantes de Mesopotamia y el Levante (Siria, Líbano e Israel) hablaban variantes del grupo de lenguas semíticas, principalmente babilonio-acadio, arameo y hebreo. El arameo escrito tenía la ventaja de contar con un alfabeto. Era mucho más fácil aprender veintidós letras que representaban sonidos fonéticos que memorizar unos mil caracteres que representaban palabras en la escritura cuneiforme. El arameo hablado y escrito se convirtió en la lengua franca (lengua común) en todo el imperio; en el reinado de Artajerjes I, sustituyó al persa antiguo y al elamita en los asuntos administrativos.

En la parte noroeste del imperio, Jonia era étnicamente griega, y sus ciudadanos hablaban y escribían en griego. Darío I colocó dos monumentos de piedra en el Bósforo con inscripciones en griego y arameo, lo que implica que las relaciones diplomáticas con los griegos jónicos utilizaban el arameo y el griego. Cuando se comunicaban con la Grecia continental, los persas utilizaban la lengua griega, a menudo a través de traductores.

Los banquetes para la nobleza persa incluían recipientes dorados para beber y cuencos estriados

Foto ampliada. Crédito: Rosemanios de Pekín (ciudad natal), CC BY 2.0 <https://creativecommons.org/licenses/by/2.0>, vía Wikimedia Commons; https://commons.wikimedia.org/wiki/File:Persia_-_Achaemenian_Vessels.jpg

Los griegos, especialmente los austeros espartanos, pensaban que los persas eran un poco exagerados en su estilo de vida, especialmente en su afición por el buen vino, la excelente comida y las fiestas. Cuando el rey Darío III defendía su imperio contra Alejandro Magno, llevó a su campaña trescientos cocineros y setenta filtradores de vino. Pero incluso los persas corrientes disfrutaban organizando elaboradas fiestas para los cumpleaños.

Asaban un caballo, un camello o un buey enteros (o quizá los tres si eran ricos). Una regla importante que había que recordar era la de no hablar nunca con la boca llena durante la comida; era el colmo de la mala educación. Los festejos podían prolongarse durante días, y después de comer la carne asada, saboreaban un surtido interminable de postres. Los persas se burlaban de los griegos, que no solían comer postres, diciendo que dejaban la mesa con hambre. Después de comer una serie de manjares dulces, disfrutaban del vino y la música.

Como los persas vivían en un clima desértico y caluroso, almacenaban la comida y el vino bajo tierra en cámaras de ladrillo para mantenerlos frescos. Los antiguos persas eran conocedores del vino y grandes bebedores. Los griegos, que siempre bebían el vino aguado, consideraban escandaloso que los persas bebieran el vino puro. Herodoto escribió que emborracharse era una parte esencial de la toma de decisiones de los líderes persas:

«Si hay que tomar una decisión crucial, discuten la cuestión cuando están borrachos. Al día siguiente, el jefe de la casa donde se ha discutido presenta su decisión para que se reconsidere cuando están sobrios. Si la aprueban, se adopta; si no, se abandona. A la inversa, cualquier decisión que toman cuando están sobrios se reconsidera después cuando están borrachos»[40].

Heródoto también escribió sobre la costumbre persa de la *proskynesis* o de ir de bruces ante la realeza u otros superiores:

«Cuando los persas se encuentran en los caminos, se puede ver si los que se encuentran son de igual rango. En lugar de saludarse con palabras, se besan en la boca; pero si uno de ellos es inferior al otro, se besan en las mejillas, y si uno es de rango mucho menos noble que el otro, se postra ante él y lo adora»[41].

Tras conquistar el imperio, Alejandro Magno adoptó muchas costumbres persas, incluida la de exigir a sus oficiales militares que practicaran la *proskynesis*. Los griegos estaban acostumbrados a la democracia y sentían que Alejandro se estaba convirtiendo en un megalómano al esperar que se arrojaran a sus pies.

Los antiguos persas valoraban mucho decir la verdad. Consideraban que una persona era justa si vivía constantemente con honestidad e integridad. Su insistencia en no mentir y en decir constantemente la verdad despertó la admiración de los griegos. Heródoto decía que un niño persa pasaba su infancia aprendiendo tres conceptos esenciales: cómo montar a caballo, disparar una flecha y decir la verdad. Los persas consideraban que mentir era una gran desgracia, incluso un pecado capital. Consideraban que no había que endeudarse porque deber dinero a alguien solía conducir a la mentira.

Mentir a veces podía acarrear la pena de muerte, y podía enviar a alguien a la idea persa del infierno. Creían que los justos que decían la verdad iban a la Casa de la Canción y el Buen Pensamiento, donde verían al dios Ahura Mazda en su trono y las

---

[40] Heródoto, *Historias*, 1.133.
[41] Heródoto, *Historias*, 1.134.

luces celestiales. Pero los necios mentirosos iban a la Casa de la Mentira, el hogar de los *daevas* (deidades demoníacas) del caos y el desorden, y que son incapaces de discernir la verdad de la mentira. Allí sufrirían en una miserable oscuridad.

Ciro el Grande no dijo nada sobre su religión personal, pero después de conquistar Babilonia, adoró públicamente al dios principal de Babilonia, Marduk. Quizás fue una forma de complacer a los babilonios y legitimar su gobierno sobre ellos. En el Cilindro de Ciro, habló de ser bendecido por Marduk. «Marduk, el gran señor, me otorgó como destino la gran magnanimidad de quien ama a Babilonia, y cada día lo buscaba con asombro»[42].

Ciro también restauró el templo de Jerusalén que Nabucodonosor había saqueado y destruido, devolviendo los tesoros del templo y pagando su restauración. «El Señor, el Dios del cielo, me ha dado todos los reinos de la tierra, y me ha encargado que le construya un Templo en Jerusalén, que está en Judá»[43].

La política general de Ciro, que marcó la pauta para sus sucesores, fue la benevolencia hacia los pueblos conquistados y el apoyo a sus sistemas religiosos. Trabajó para corregir las injusticias perpetradas contra el pueblo o sus dioses por los gobernantes anteriores. Devolvió las imágenes de culto que los reyes babilónicos habían llevado a Babilonia desde otras ciudades y reparó los templos de todo el imperio. Ciro y los demás reyes aqueménidas mostraron una extraordinaria tolerancia religiosa hacia la diversidad de religiones que se practicaban en todo el vasto territorio del imperio. Todos los habitantes del reino eran libres de adorar a los dioses que quisieran.

Heródoto observó que los persas no tenían ídolos de sus dioses. Observó que los dioses persas no tenían una naturaleza humana y falible. En cambio, sus propios dioses griegos se casaban, tenían hijos, engañaban a sus cónyuges, se engañaban y luchaban entre sí, y tenían una naturaleza bastante humana. Dijo que los persas subían a las montañas más altas para ofrecer sacrificios a su dios principal y que también ofrecían sacrificios al sol, la luna, la tierra, el fuego, el

---

[42] Cilindro de Ciro, trans. Irving Finkel (The British Museum). https://www.britishmuseum.org/collection/object/W_1880-0617-1941
[43] Esdras 2:2, Tanaj: Ketuvim: Libro de Esdras.

agua y los vientos.

Durante la época aqueménida, la religión zoroástrica se hizo popular en Irán y se extendió por todo el imperio. El zoroastrismo surgió de la antigua religión védica que también dio origen al hinduismo. Los seguidores de la religión védica no tenían ídolos ni templos. Sacrificaban animales a un fuego sagrado y bebían un jugo embriagador de la planta soma, que tenía un efecto alucinógeno.

Un sacerdote védico llamado Zaratustra (Zoroastro en griego) tuvo una epifanía mientras ofrecía sacrificios. El dios Ahura Mazda se le apareció; tras esa visión, Zaratustra comenzó a enseñar que Ahura Mazda era el dios supremo. Mediante su espíritu santo Spenta Mainyu, Ahura Mazda creó la tierra, los seres humanos y todo lo bueno. Otros seis espíritus, los Amesha Spenta, crearon el resto del universo. Sin embargo, la energía maligna tóxica de Angra Mainyu introdujo el caos en esta nueva creación, por lo que la bondad y la luz deben combatir el mal y la oscuridad.

El zoroastrismo era en cierto modo monoteísta al adorar a un solo dios supremo, aunque tenían múltiples deidades menores con los mismos nombres que los dioses védicos, iraníes e hindúes. Los sacerdotes cantaban y rezaban al Amesha Spenta y a los yazatas (entidades divinas menores). Artajerjes II rezaba a Ahura Mazda, pero también a Mitra, el dios del sol, y a Anahita, la diosa del agua, construyendo templos para ella en Babilonia, Media y Persia. Al parecer, esta fue la primera vez que aparecieron imágenes de culto en los templos persas.

Esta imagen puede representar a la diosa Anahita, que fue adorada por Artajerjes II.
Foto recortada. Crédito: Carole Raddato de Frankfurt, Alemania, CC BY-SA 2.0 <https://creativecommons.org/licenses/by-sa/2.0>, vía Wikimedia Commons; https://commons.wikimedia.org/wiki/File:Head_and_left_hand_from_a_bronze_cult_statue_of_Anahita,_a_local_goddess_shown_here_in_the_guide_of_Aphrodite,_200-100_BC,_British_Museum_(8167358544).jpg

Los antiguos persas que practicaban el zoroastrismo no enterraban ni incineraban a sus muertos, sino que practicaban «entierros celestiales». Colocaban los cuerpos de sus difuntos en una montaña para que se los comieran los buitres. Pensaban que enterrar los cuerpos que se descomponían mancillaba la tierra. Una vez recogido el esqueleto y blanqueado por el sol, recogían los huesos y los colocaban en fosas de cal. La costumbre de enterrar en el cielo es un vestigio de las creencias védicas primigenias, y aún hoy la practican los zoroastrianos de la India y los budistas tibetanos y mongoles.

Como señaló Heródoto, los antiguos persas generalmente rendían culto al aire libre, normalmente en la cima de una montaña, y no solían construir templos. Sin embargo, se han encontrado varias estructuras de templos que datan del siglo XIV a. C. en el este de Irán, Afganistán y Turkmenistán. En ninguno de los lugares había imágenes de culto (ídolos), que no formaban parte de la religión primitiva de los persas. Sí tenían pruebas del culto al fuego, que formaba parte del antiguo culto védico[44].

Las Tablillas de la Fortaleza o Fundación de Persépolis (506 y 497 a. C.), que se encontraron en el nivel de los cimientos de las murallas defensivas de la ciudad, hacen referencia al culto de los dioses elamitas e iraníes, describiendo a los sacerdotes y los rituales, pero sin mencionar los templos. Darío el Grande se jactó en una inscripción de haber reconstruido los *ayadana* (templos) destruidos por Gaumata el Magno, que se hizo pasar por el hijo de Cambises, Esmerdis. Sin embargo, Darío no mencionó dónde estaban los templos ni a qué dioses se adoraba. Jerjes I escribió que en su imperio existía un templo de culto a los *daeva* (demonios), que destruyó, purificando la zona. Pero no tenemos ni idea de qué tierras y qué templos.

Un templo encontrado en Sistán, en el este de Irán, fue construido en vida de Ciro el Grande, pero fue abandonado después de un siglo. La estructura de adobe era cuadrada, con habitaciones en cada esquina y tres grandes altares en el centro del patio, lo que hace pensar en una tríada de dioses. Las cenizas y los huesos quemados indican sacrificios de animales, que los antiguos zoroastrianos practicaban, al igual que los adoradores védicos y otras religiones. Dos estructuras cuadradas en forma de torre en Pasargada, la principal capital aqueménida en tiempos de Ciro, parecen ser templos[45].

Cuando los nómadas persas llegaron a Irán, las antiguas culturas que encontraron influyeron en sus estilos artísticos y arquitectónicos. Los persas fueron asimiladores que tomaron prestadas las culturas de Irán y de todo el imperio, mezclando estas

---

[44] Michael Shenkar, "Temple Architecture in the Iranian World before the Macedonian Conquest", *Iran & the Caucasus* 11, no. 2 (2007): 169-71. http://www.jstor.org/stable/25597331.
[45] Michael Shenkar, "*Temple Architecture*", 172-8.

ideas en un aspecto persa distintivo. Su apropiación de otras costumbres llevó a Heródoto a comentar: «Los persas adoptan más costumbres extranjeras que nadie».

La ciudad de Persépolis, cerca de los montes Zagros, mostraba un brillante ejemplo de arquitectura persa. Ciro el Grande eligió el lugar para su centro religioso o capital ceremonial. Diseñó los elegantes edificios de la nueva ciudad que imaginó, pero Darío el Grande comenzó a llevar a cabo los planes de Ciro. Darío inició la construcción de cinco salones con grandes entradas, y su hijo Jerjes terminó la mayor parte de la construcción.

El punto culminante de la arquitectura de Persépolis era su fastuosa apadana, la sala del rey donde sus súbditos depositaban el tributo a los pies de su monarca y recibían regalos. Las figuras de toro descansaban en lo alto de las majestuosas columnas de 18 metros que sostenían el techo. Dos elevadas escaleras adornadas con bajorrelieves conducían a los extremos norte y este de la sala. Los relieves mostraban a las distintas etnias del imperio vistiendo sus ropas distintivas y presentando tributos al rey, incluido un hipopótamo de los egipcios. Exquisitos jardines rodeaban la apadana.

Jerjes también construyó la Puerta de todas las Naciones en Persépolis. Era una espléndida sala en un cuadrado de ochenta y dos pies adornada por cuatro columnas de cincuenta y cuatro pies. Servía de puerta de entrada al Muro Occidental de la ciudad para los reyes visitantes de otros países y los sátrapas de todo el imperio. Dos lamasos (toros celestiales alados con cabeza humana) protegían el umbral del mal.

Los lamasos, toros con cabeza humana, montaban guardia en la Puerta de las Naciones
Foto modificada: ampliada. Crédito: David Holt de Londres, Inglaterra, CC BY-SA 2.0 <https://creativecommons.org/licenses/by-sa/2.0>, vía Wikimedia Commons; https://commons.wikimedia.org/wiki/File:Iran_2007_081_Persepolis_Gate_of_all_Nations_(1731628479).jpg

El enérgico rey Darío I también reconstruyó Susa, la capital de verano de Persia, formando exquisitos jardines diseñados por Ciro el Grande. Tallas esmaltadas de animales y palmeras de vivos colores embellecían el palacio y la Apadana. Dos de los relieves eran especialmente interesantes. Una criatura tenía cuerpo de león con alas y cabeza de hombre. Otra imagen llamativa era un unicornio blanco sobre un fondo de azulejos azules brillantes. Tenía alas de águila, cola de león y un cuerno en espiral.

Este unicornio adornaba la apadana de Susa

Crédito: Mohammad.m.nazari, CC BY-SA 4.0 <https://creativecommons.org/licenses/by-sa/4.0>, vía Wikimedia Commons; https://commons.wikimedia.org/wiki/File:Unicorn_in_Apadana,_Shush,_Iran--2017-10.jpg

Ciro el Grande fue enterrado en una tumba independiente en Pasargada, pero las tumbas de cuatro reyes aqueménidas fueron talladas en un alto acantilado al noroeste de Persépolis. Las inscripciones identifican que Darío I fue enterrado en la primera tumba. Las otras son probablemente las de Jerjes I, Artajerjes I y Darío II. Cada tumba tiene una entrada en forma de cruz que da paso a una pequeña sala donde yace el sarcófago, con bajorrelieves en la cara del acantilado que muestran a ese rey y algún acontecimiento de su vida.

Los persas eran famosos por sus jardines paisajísticos que se remontan a la primera dinastía aqueménida. Se dice que Ciro el Joven le dijo al general Lisandro que él se dedicaba a la jardinería todos los días que no estaba en campañas militares. Lisandro visitó el jardín que Ciro el Joven diseñó en Sardes y admiró su simetría rectangular, los hermosos árboles plantados en hileras y los aromas que flotaban en el aire. Los jardines persas contaban con pabellones, fuentes, estanques y zonas soleadas combinadas con áreas para relajarse a la sombra. Los jardines solían estar conectados a un patio interior separado por arcos abovedados.

Los persas desarrollaron una notable tecnología para acceder al agua en sus áridas tierras para mantener sus preciados jardines. Y lo que es más importante, disponían de agua para el consumo y el cultivo de alimentos. Su sistema de riego *qanat* traía el agua desde un acueducto subterráneo, en lugar de sistemas fluviales como hacían los mesopotámicos y egipcios. El sistema subterráneo permitía el transporte de agua a larga distancia sin mucha evaporación, y era resistente a las inundaciones, los terremotos y la destrucción por parte de los enemigos. La explotación del acuífero subterráneo proporcionaba una fuente de agua relativamente estable incluso en caso de sequía. Los persas construyeron el sistema de qanat con un túnel inclinado que subía desde los acuíferos con pozos verticales intermitentes que llevaban el agua a la superficie.

Esta representación artística es del jardín del palacio de Persépolis
https://commons.wikimedia.org/wiki/File:Persepolis_T_Chipiez.jpg

El infatigable Darío el Grande construyó el Camino Real de los aqueménidas, una red intercontinental que recorría 1.500 millas desde Persia hasta el mar Egeo. Se tardaba noventa días en viajar a pie desde Susa hasta Sardes. Los ramales del camino se extendían hasta el sur de la India y Egipto, el este hasta el actual Afganistán, el norte hasta la actual Turquía y el oeste hasta el Helesponto y Europa. El Camino Real no solo servía para viajar por tierra, sino que también conectaba ríos, canales y puertos marítimos e incluía un canal que iba del Nilo al mar Rojo.

El tesoro del Oxus, de artesanía en oro y plata, descubierto en el río Oxus, mostraba el exquisito trabajo artístico del Imperio aqueménida. El río Oxus discurría entre el actual Afganistán y Turkmenistán, la patria ancestral de los persas. Los sacerdotes de los templos escondieron las joyas, las monedas, las estatuillas y otros objetos en la ribera del río para protegerlos durante una revuelta y nunca los recuperaron. Una temporada de sequía inusual bajó el nivel del río y dejó al descubierto el tesoro en 1880.

La intrincada artesanía mostraba una espectacular habilidad metalúrgica, que dejaba entrever influencias egipcias y asirias. Muchas de las elegantes piezas parecen estar talladas en láminas de oro. El tesoro apunta a la importante producción de adornos de plata y oro en el Imperio persa, que abarcaba muchos de los centros artísticos del mundo antiguo.

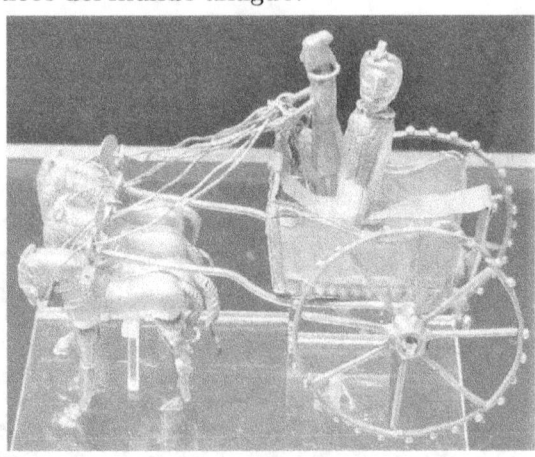

Este carro de oro en miniatura del río Oxus muestra una exquisita habilidad con los metales preciosos

BabelStone, CC BY-SA 3.0 <https://creativecommons.org/licenses/by-sa/3.0>, vía Wikimedia Commons; https://commons.wikimedia.org/wiki/File:Oxus_chariot_model.jpg

El Imperio aqueménida fusionó numerosas culturas de tres continentes en una sola superpotencia. Los persas respetaban todas las culturas y religiones, fomentando una sociedad en la que todos podían apreciar y aprender de las múltiples etnias que se mezclaban. Combinaron esos conocimientos y habilidades en su propia cultura, que influyó en la arquitectura, la tecnología y el arte durante siglos. La cultura persa sigue viva en una mezcla única de innovaciones antiguas y modernas.

Capítulo 14: Tácticas militares

La maquinaria militar persa era la columna vertebral del Imperio aqueménida. No solo servía para expandir el imperio a través de la conquista, sino también para mantener el orden en las lejanas provincias y proteger las regiones fronterizas de las invasiones. Empezando por los persas y sus parientes medos, el ejército se transformó a medida que conquistaba nuevas naciones y asimilaba nuevos guerreros con nuevas habilidades y tácticas. El ejército aqueménida dejó de ser un ejército medo-persa para convertirse en una fuerza internacional que sacudió el mundo antiguo.

El Imperio aqueménida (559-330 a. C.) comenzó con un ejército de hasta 150.000 soldados medos y persas. Conquistaron nuevas regiones e hicieron alianzas con otras, adquiriendo decenas de miles de nuevos guerreros. La unidad más pequeña del ejército era un escuadrón de diez hombres llamado *dathaba*. Diez escuadras de dathaba formaban una compañía llamada *satabam*, y diez de ellas formaban regimientos de mil hombres llamados *hazarabam*. Diez de estos regimientos formaban una división llamada *haivarabam*. Los uniformes de colores variados identificaban a las distintas unidades.

El ejército del Imperio aqueménida se dividía en tres categorías: soldados a tiempo parcial, profesionales a tiempo completo y la división de élite, que Heródoto llamaba los Inmortales. Los guerreros sparabara luchaban durante la temporada militar entre la siembra de primavera y la cosecha de otoño. Eran agricultores, pastores o artesanos cuando no estaban en campaña militar. Sin embargo, estaban bien entrenados en el tiro con arco y otras habilidades de batalla desde la adolescencia.

El dibujo representa tres etnias (entre muchas) en el ejército de Jerjes: un abanderado persa a la izquierda, un armenio en el centro y un capadocio a la derecha

https://commons.wikimedia.org/wiki/File:Soldiers_of_Xerxes_army.png

Los sparabaras llevaban una armadura de lino acolchada y tenían experiencia con la lanza «portadora de manzanas» de tres metros, llamada así por su contrapeso de bronce. Los sparabaras utilizaban estas largas lanzas en primera línea de las fuerzas persas. Normalmente, sostenían sus grandes escudos rectangulares de mimbre uno al lado del otro para formar un muro con las lanzas que sobresalían para empalar a cualquier atacante. Detrás de ellos, los lanzadores de jabalina lanzaban sus armas mientras los arqueros disparaban flechas sobre sus cabezas. Los escudos de mimbre detenían las flechas, pero eran una mala defensa contra las sarisas de Alejandro Magno, que medían 5 metros.

Ciro el Grande no tardó en darse cuenta de que necesitaba un ejército a tiempo completo para hacer frente a las amenazas internas y externas y a las largas campañas en tierras lejanas. Formó un ejército terrestre profesional llamado Spada, que incluía infantería, una caballería de caballos de guerra, camellos y algunos carros. El ejército profesional contaba con guerreros de otras partes del imperio. Posteriormente, los persas contrataron mercenarios griegos, que formaban una parte importante de sus fuerzas; recibían comida gratis y un dárico de oro al mes como paga. Aunque el ejército aqueménida utilizó ciudadanos de todo el imperio y mercenarios griegos, favoreció a las tribus iraníes, que aportaban más soldados, pero pagaban menos tributos. Junto a los persas étnicos, los medos proporcionaban la segunda fuerza más grande, incluyendo a muchos de los generales del imperio. Los bactrianos y otras tribus del este de Irán también aportaron muchos combatientes.

Entre las fuerzas profesionales había una división de élite que Heródoto llamó los «Inmortales». Eran soldados de infantería altamente entrenados, con algo de caballería, que mantenían precisamente diez mil hombres. Había más hombres entrenados en la reserva; si un Inmortal era herido, estaba gravemente enfermo o moría en la batalla, un soldado de reserva ocupaba inmediatamente su lugar. Los Inmortales también servían de guardia imperial.

Los Inmortales eran la división de élite persa del ejército aqueménida

Museo de Pérgamo, CC BY 2.0 <https://creativecommons.org/licenses/by/2.0>, vía Wikimedia Commons; https://commons.wikimedia.org/wiki/File:Persian_warriors_from_Berlin_Museum.jpg

La mayoría de los Inmortales eran persas, pero también había algunos medos y otros iraníes. Los Inmortales llevaban cascos de bronce además de corazas de bronce o armaduras de escamas: pequeñas placas de metal, cuero o cuerno en filas superpuestas. Sus caballos de guerra también llevaban protecciones de bronce en la cabeza, el pecho y la cruz. Llevaban un arco colgado del hombro y un carcaj con flechas. Adicionalmente luchaban con lanzas cortas, espadas, hondas y dagas. Mientras que la mayoría de los ejércitos corrían unos contra otros lanzando gritos de guerra, los Inmortales guardaban un silencio espeluznante mientras marchaban hacia el adversario. El enemigo sentía un leve temblor bajo sus pies cuando diez mil hombres se dirigían hacia ellos, pero lo único que oían era un leve tintineo de armas y un ruido constante de pies. Esta táctica psicológica desconcertaba tanto a las fuerzas enemigas que a veces huían sin combatir.

Camellos, mulas y carros seguían a los Inmortales, transportando a sus sirvientes, concubinas, alimentos especiales y suministros. Los relieves de azulejos vidriados de las salas persas muestran a los Inmortales con túnicas hasta los tobillos, pero es casi seguro que estos trajes eran para funciones ceremoniales, ya que serían incómodos para la guerra. Probablemente llevaban pantalones ajustados o polainas estampadas con túnicas cortas en el campo de batalla, como hacían los soldados persas normales.

Los niños persas de las familias dirigentes empezaban a entrenarse militarmente a los cinco años y los demás jóvenes a los quince. Se los instruía en la equitación y el aseo de los caballos, la carrera, el tiro con arco, el lanzamiento de jabalina y la lucha con espada. Desarrollaban la disciplina a través de repetidos ejercicios, largas marchas y escasas comidas. Se incorporaban al ejército activo a los veinte años, y los soldados profesionales se retiraban a los cincuenta. Los soldados a tiempo parcial servían cuando eran llamados para campañas militares o batallas individuales. Cada satrapía tenía su propio ejército que podía desplegarse rápidamente para satisfacer una necesidad urgente en la región.

Desde sus primeros días, los persas y los medos eran expertos jinetes, por lo que una letal división de caballería siempre acompañaba a su infantería. Ciro el Grande aumentó su caballería de un 10% de sus fuerzas a un 20% en sus últimos años. Jerjes I marchó sobre Grecia con una caballería de élite de 1.000 soldados a la cabeza; más atrás había 100.000 soldados de caballería regular. El ejército aqueménida luchó contra Alejandro Magno con más de diez mil jinetes. A partir de las descripciones de varias batallas, un regimiento de caballería de élite de mil parecía persistir desde Jerjes I hasta Darío III; estos soldados eran probablemente nobles persas a caballo procedentes del corazón de Persia[46].

Las unidades de aurigas persas utilizaban cuatro caballos para tirar de carros de dos hombres más pesados que los babilónicos y egipcios. Un hombre guiaba los caballos mientras el otro luchaba con lanzas o flechas. Los carros persas tenían guadañas unidas a las ruedas que podían cortar las piernas o seccionar las arterias. Cuando el sátrapa Farnabazus se encontró inesperadamente con un ejército de soldados griegos, mató a cien hombres y puso en fuga al resto con solo dos carros con guadañas y cuatrocientos soldados de caballería.

Ciro el Grande utilizaba habitualmente camellos para transportar el equipaje en las campañas militares. Sin embargo, los colocó en primera línea en la batalla de Timbrea, aterrorizando a los caballos lidios que nunca habían visto ni olido camellos y salieron en estampida del campo. Más de seis décadas después, Jerjes utilizó miles de arqueros árabes sobre camellos en su segunda invasión de Grecia. El rey Darío III colocó quince elefantes de guerra procedentes de la India en su línea de frente central cuando se enfrentó a Alejandro en la batalla de Gaugamela. Horrorizaron tanto a las tropas griegas que Alejandro hizo un sacrificio especial al dios del miedo; sin embargo, ningún relato menciona el uso de los elefantes en la batalla real.

Los arqueros persas, elamitas, medos y escitas del ejército aqueménida sembraban el terror entre sus adversarios. Utilizaban un arco compuesto inmensamente poderoso hecho de madera, cuerno y tendones de animales laminados con resina animal. Estos arcos lanzaban letales flechas de tres hojas con puntas de aleación de cobre. Aunque eran capaces de combatir cuerpo a cuerpo con lanzas, espadas y hachas de combate, los persas preferían luchar a distancia con sus superiores habilidades de arquería. Los arqueros

---

[46] Michael B. Charles, "Achaemenid Elite Cavalry: From Xerxes to Darius III", *The Classical Quarterly* 65, no. 1 (2015): 14-34. http://www.jstor.org/stable/43905638.

solían llevar el carcaj en la cadera para recargar rápidamente y podían disparar y recargar hasta diez flechas en un minuto. Una división de 10.000 arqueros podía lanzar hasta 100.000 flechas en un minuto.

Esta talla de marfil representa a un arquero de la caballería persa en la batalla de Gaugamela

Luis García, CC BY-SA 3.0 <https://creativecommons.org/licenses/by-sa/3.0>, vía Wikimedia Commons; https://commons.wikimedia.org/wiki/File:Batalla_de_Gaugamela_(M.A.N._Inv.1980-60-1)_04.jpg

Los persas adoptaron el hacha de batalla o martillo de guerra sagaris de los escitas. Tenía un mango largo y delgado de casi medio metro de largo con una cabeza de martillo de metal roma o una pesada hoja cortante. Era lo suficientemente ligera como para utilizarla con una sola mano a caballo o a pie, pero también podía perforar armaduras y cascos.

Los ingenieros de combate a menudo ganaban batallas para las fuerzas persas. En Babilonia y Egipto, desviaron los ríos para convertirlos en canales de irrigación, de modo que las tropas pudieran vadear ríos que de otro modo serían intransitables, o hacer rodar máquinas de asedio hasta las murallas de las ciudades. Los ingenieros marchaban delante de las fuerzas aqueménidas para construir o reparar puentes y caminos. Habían construido puentes para barcos mucho antes del puente de una milla de Jerjes sobre el estrecho de los Dardanelos. Los ingenieros de Darío I construyeron un puente para barcos de 2.500 pies sobre el Bósforo. Jenofonte informó de un puente de treinta y siete barcos sobre el río Tigris y de siete embarcaciones sobre el río Meandro.

El Imperio aqueménida contaba con un sorprendente sistema de comunicación. Supongamos que una satrapía se rebelaba o era invadida en la parte occidental del imperio. En ese caso, las noticias podían llegar rápidamente al rey en Persia, permitiéndole hacer frente a la emergencia sin demora. Los mensajeros viajaban a caballo por el Camino Real, cambiando sus corceles a intervalos regulares en las estaciones de paso. Utilizaban señales de fuego desde torres en las cimas de las montañas. El uso de señales luminosas y de espejo en el mar Egeo permitía a la armada recibir noticias del resultado de las batallas en el continente griego en cuestión de horas.

Ciro el Grande y sus sucesores utilizaron máquinas de asedio que eran torres móviles de seis metros de altura sobre un carro rodante. Ocho bueyes tiraban de cada torre, en la que cabían veinte soldados. La altura de la torre permitía a los arqueros disparar desde los parapetos superiores y hacer llegar sus flechas por encima de las murallas de la ciudad. Adicionalmente podían lanzar proyectiles de fuego. Las máquinas de asedio también se utilizaban en el campo de batalla para disparar flechas o misiles más pesados desde las altas y protegidas torres.

El equipo de apoyo de los enormes ejércitos aqueménidas era una empresa enorme, con caravanas de equipaje, barcos de suministros, cocineros, médicos y otros elementos necesarios para acoger a decenas de miles de guerreros. Una parte del equipo de apoyo se adelantaba al ejército para buscar agua potable, lugares para acampar y campos para que pastaran los caballos, mulas y camellos. Además de sus trirremes, que no tenían bodegas para la comida y otras necesidades, la armada persa desplegó barcos de suministro para transportar hasta quinientas toneladas. También utilizaban barcos de transporte para llevar treinta caballos a la vez.

¿Acaso Jerjes invadió realmente Grecia con un ejército de un millón de hombres? Algunas fuentes hablan de hasta tres millones de personas, incluyendo el equipo de apoyo y la armada. En aquella época, el Imperio aqueménida tenía una población estimada de casi cincuenta millones de personas, por lo que un millón de hombres podría ser posible. Sin embargo, la logística para alimentar a un millón de hombres en una campaña de meses de duración lejos de casa es alucinante. Los relatos mencionan que a menudo se quedaban sin agua potable y que el ejército se moría de hambre en el camino de vuelta a Asia.

El ejército persa solía comenzar una batalla enviando a la caballería para desbaratar las líneas enemigas. Los jinetes lanzaban jabalinas, descargaban flechas e intentaban flanquear a la oposición. Intentaban agrupar a sus adversarios en un solo grupo, convirtiéndolos en un blanco fácil para su división de arqueros, que podía disparar miles de flechas por minuto. Si el enemigo se dispersaba en lugar de agruparse, los soldados de caballería y los aurigas podían eliminarlos fácilmente.

Esta táctica requería un terreno suficientemente llano en el que la caballería y los carros pudieran maniobrar fácilmente. También ayudaba tener un adversario indisciplinado que no tuviera mucha movilidad. Cuando los persas luchaban contra los escitas, a menudo perdían porque toda la fuerza escita iba a caballo y podía moverse rápidamente en varias formaciones. Los persas tuvieron dificultades en las batallas en el territorio montañoso y rocoso de Grecia, donde los caballos no podían maniobrar bien. Los griegos encontraron formas de sortear la estrategia favorita de los persas de combatir a larga distancia con caballería y flechas. Luchaban desde las montañas u obligaban a los persas a luchar en campos de batalla estrechos donde el combate cuerpo a cuerpo era la única opción.

La patria ancestral de los persas era Asia Central, sin salida al mar, pero el Imperio aqueménida puso en marcha la primera armada imperial del mundo. Al no estar acostumbrados a los barcos, se aprovecharon de los fenicios, que se habían rendido a Ciro el Grande sin luchar y que, desde entonces, eran en su mayoría ciudadanos leales al imperio. Los fenicios eran pueblos marineros desde la prehistoria y expertos en la construcción de barcos y en la guerra marítima. Los persas también utilizaban mercenarios egipcios y griegos para construir y tripular sus barcos.

El primer rey aqueménida que utilizó una armada fue Cambises en la conquista de Egipto. Después de esto, la armada del imperio ejerció su poder en el mar Egeo oriental, el mar Negro, el mar Mediterráneo y el golfo Pérsico. La armada también operaba con buques más pequeños en el Tigris, el Éufrates, el Nilo y el Meandro.

Sus primeros barcos se llamaban trirremes y medían unos 120 pies de eslora y de 15 a 20 pies de ancho y podían transportar hasta 300 hombres. El nombre provenía de las tres filas de remos que impulsaban el barco junto con una vela cuadrada. El calado (la parte bajo el agua) era escaso, solo un metro de profundidad, lo que permitía a los marineros arrastrarlos a tierra con facilidad, cosa que hacían a menudo. A la máxima velocidad, que los barcos podían alcanzar en treinta segundos, podían viajar a unos doce nudos por hora y tenían una excelente agilidad en el mar en las batallas navales. De la proa salía un ariete de bronce, como una larga pica cónica, que se utilizaba para empalar y rebanar los cascos de los barcos enemigos. Los marineros utilizaban garfios para atrapar a los barcos enemigos. La mayoría de los barcos tenían dos catapultas para lanzar rocas o proyectiles ardientes contra el adversario. Los trirremes persas utilizaban 170 remeros y llevaban otros marinos para el combate.

Tenían que varar sus barcos cada pocos días para secarlos, ya que se anegaban, lo que a veces resultaba un inconveniente si el enemigo estaba cerca. La armada aqueménida incorporó posteriormente otras embarcaciones. Entre ellos se encontraban los quinquerremes, de mayor tamaño, que permitían contar con más hombres y armamento, y los pentecónteros y triacónteros, más pequeños, que eran más maniobrables y mejores para los viajes fluviales.

Las bases navales aqueménidas se centraban en la costa de Fenicia, la isla de Chipre, Cilicia, en tierra firme al noreste de Chipre, y Cyme, en Jonia. También tenían una base naval en el Shatt al-Arab, donde los ríos Éufrates y Tigris se unen para desembocar en el golfo Pérsico. Otras bases más pequeñas eran Halicarnaso, en la actual costa suroeste de Turquía, Trípoli, en el norte del Líbano, Samos, en Jonia, y el delta del Nilo (cuando Egipto no se rebelaba). El Imperio aqueménida también tenía asentamientos comerciales a lo largo del golfo Pérsico y el mar de

Arabia, incluyendo Omán, Bahréin, Yemen y el subcontinente indio.

Durante el inicio de la armada aqueménida bajo Cambises, la flota contaba con unos 300 trirremes, y con alrededor de 51.000 remeros. Durante el reinado de Darío el Grande, la armada se duplicó hasta los seiscientos trirremes y fue un factor decisivo en la conquista de Jonia y Tracia. Bajo el mandato de su hijo Jerjes, los buques de la armada persa se duplicaron de nuevo hasta alcanzar los 1.200 barcos de guerra, 3.000 de transporte y al menos 36.000 tripulantes.

Pero la armada sufrió una pérdida apocalíptica frente a las armadas de la coalición griega en Salamina, perdiendo muchos barcos además de los perdidos en una batalla anterior y en dos tormentas. La armada aqueménida nunca se recuperó del todo. Bajo el mandato del hijo de Jerjes, Artajerjes I, la armada del imperio sufrió otra catastrófica pérdida de doscientos barcos en el río Eurimedón, lo que supuso el fin de su presencia en el mar Egeo. Otra humillante derrota se produjo en 450 a. C. en Chipre.

A pesar de que finalmente fue conquistado por Alejandro Magno, el ejército persa reinó como la principal máquina de guerra del mundo durante más de dos siglos. A través de las conquistas militares, se extendió desde una modesta provincia en el actual Irán hasta cubrir tres continentes, el mayor imperio visto hasta entonces en el mundo antiguo. Sus conquistas destacaron por la destreza bélica de los persas y su trato humano a los pueblos conquistados que se sometían. Conscientes de la benevolencia de los persas, muchas regiones atacadas por el Imperio aqueménida se rendían más que resistir hasta el final.

Capítulo 15:
Gobierno y economía

El Imperio aqueménida estableció el primer intento exitoso de globalización a gran escala del mundo, reuniendo a diversas etnias y naciones de tres continentes en una sola entidad política. Mediante el comercio y el servicio militar conjunto, los distintos grupos étnicos se mezclaron y aprendieron unos de otros. Los reyes persas fomentaron el intercambio de ideas y costumbres, promovieron un elevado nivel de autonomía en los gobiernos locales y orquestaron una próspera economía.

Los reyes persas gobernaron su colosal imperio con un uso sorprendentemente modesto del control. Ciro el Grande dio un ejemplo de tolerancia y apertura mental, lo que condujo a la paz aqueménida (*Pax Achaemenica*). La estabilidad era notablemente diferente de los conflictos precedentes entre los estados de Oriente Medio, especialmente los tres siglos de dominio brutal bajo el Imperio asirio.

Ciro era conocido por tratar con amabilidad a los monarcas conquistados, ofreciéndoles a menudo un puesto en su corte, o como gobernador de su propio reino o de otro. Su respeto por las distintas religiones y culturas se ganó la estima de los pueblos conquistados, lo que lo llevó a un gobierno pacífico. Uno de los problemas a los que se enfrentó fue el de las antiguas rivalidades entre las diferentes nacionalidades que ahora formaban su imperio.

Ciro se ocupó de ello respetando a cada grupo étnico, pero fomentando el intercambio de ideas al servir juntos en el ejército e interactuar con otros grupos en el comercio. Como señaló el biógrafo de Ciro, Reza Zarghamee, «Ciro parece haber comprendido que la gente se mueve por ciertas necesidades básicas: la preservación del orden social y la autonomía local»[47].

Los elementos centrales del sistema administrativo del Imperio aqueménida incluían un estado estructurado con provincias interconectadas. Su red de carreteras fomentaba el comercio y las comunicaciones, y permitía el rápido desplazamiento de las tropas militares, lo que contribuía a una relativa paz y prosperidad. Jenofonte, un griego que luchó como mercenario para Ciro el Joven, consideraba que Ciro el Grande era un modelo de estadista que «eclipsaba a todos los demás monarcas» y que inspiraba a sus súbditos a complacerle.

La notable tolerancia ejercida por Ciro y sus sucesores era una cuestión de conveniencia política. Si mantenían al pueblo contento, las revueltas eran menos probables. Los reyes aqueménidas desarrollaron un concepto político sostenible y establecieron una norma de gobierno que los futuros gobernantes adoptaron. Después de conquistar el Imperio aqueménida, Alejandro Magno dejó básicamente el gobierno preexistente en su lugar.

El único aspecto que puso a prueba la tolerancia de los gobernantes aqueménidas fueron las revueltas. Cuando las satrapías se rebelaban, el castigo era rápido y severo. Los reyes persas consideraban las insurrecciones como una afrenta personal, una falta de reconocimiento de su derecho divino a gobernar y de su benevolencia hacia sus ciudadanos. Aunque se necesitaran décadas y los esfuerzos de varios reyes, como ocurrió con Egipto, los reyes eran implacables a la hora de devolver a las naciones rebeldes al redil[48].

Cinco capitales funcionaron como centros administrativos del gigantesco imperio bajo Ciro el Grande. Siguió utilizando las ciudades de Babilonia, Susa (antigua capital de Elam) y Ecbatana (capital de Media) e hizo de Sardes (capital de Lidia) el centro

---

[47] Reza Zarghamee, *Discovering Cyrus*, 12.
[48] Maria Brosius, *A History of Ancient Persia: The Achaemenid Empire* (Hoboken, NJ: Wiley Blackwell, 2020), 1-2.

administrativo de las satrapías occidentales. También construyó Pasargada como su capital principal. Estaba situada en la provincia de Fars, donde él y su hijo Cambises fueron enterrados. Más tarde, Darío el Grande añadió Persépolis como capital. ¿Por qué tantas capitales? El rey se desplazaba constantemente por el imperio cuando no estaba en campañas militares, lo que reforzaba el vínculo con sus súbditos. Además, el clima estacional hacía que algunos lugares fueran más atractivos en determinadas épocas del año.

El palacio Tachara de Persépolis era de uso ceremonial, pero probablemente no era la residencia del rey

Hansueli Krapf, CC BY-SA 3.0 <https://creativecommons.org/licenses/by-sa/3.0>, vía Wikimedia Commons; https://commons.wikimedia.org/wiki/File:Tachara,_Persepolis.jpg

Curiosamente, en algunas capitales como Persépolis, los arqueólogos no han podido encontrar una estructura que sirviera como vivienda privada del rey. Los grandes salones apadana servían para celebrar la corte, pero no había lugar para que el rey y su séquito durmieran, comieran o se relajaran. Sabemos que Persépolis ardió en la época de Alejandro Magno, por lo que quizás tenía principalmente estructuras de madera que el fuego consumió. Sin embargo, otra teoría es que los reyes se alojaban en elaboradas tiendas o pabellones mientras se desplazaban, lo que los vincularía a su pasado nómada[49].

Los cortesanos y sirvientes orbitaban alrededor del rey dentro de la corte real persa mientras este administraba los asuntos económicos, militares, políticos y religiosos. Se reunía con sus

---

[49] Ali Bahadori y Negin Miri, "The So-called Achaemenid Capitals and the Problem of Royal Court Residence", *Iran*, (2021) DOI: 10.1080/05786967.2021.1960881.

consejeros para determinar el mejor curso de acción, recibía homenajes de dignatarios visitantes y organizaba banquetes para sus nobles e incluso para el pueblo llano[50]. También se relacionaba con su familia: la reina madre, su reina, sus hermanos y hermanas, sus concubinas y sus hijos, que se contaban por cientos con algunos de los últimos reyes aqueménidas.

Un alto funcionario llamado «Maestro de los Mil» gobernaba la corte interior del rey, en la que se encontraban la familia del rey, los esclavos y sirvientes personales, los guardaespaldas reales y los nobles de mayor rango. Cualquiera que quisiera una audiencia con el rey tenía que pasar por él. Un funcionario que informaba regularmente al rey era su espía principal, conocido como el «ojo del rey». El copero del rey estaba casi siempre en su presencia; era un sirviente, pero también un confidente.

En la corte exterior, los cocineros, panaderos, sommeliers, mozos de cuadra, traductores, administradores y médicos se mantenían ocupados en sus tareas. Los trabajadores de la corte exterior procedían de todo el imperio. Los eunucos reales, que habían sido castrados en la adolescencia, desempeñaban muchas funciones, a menudo tan elevadas como las de visir del rey, generales militares y consejeros. Servían como guardaespaldas y sirvientes en el harén y como traductores y mensajeros que se desplazaban entre la corte interior y la exterior.

El rey persa se sentaba en un trono de alto respaldo con patas de león, apoyando los pies en un escabel. La mayoría de las personas que entraban en su presencia debían postrarse y besar sus pies. El rey tenía un círculo interno de oficiales. El *Libro de Ester* habla de siete príncipes o consejeros cercanos al rey que eran persas y medos. Posiblemente eran parientes y tenían el más alto rango en el reino. Se reunían regularmente con el rey y este siempre les pedía consejo[51].

La reina madre era la mujer de mayor rango en la corte, superando incluso a la reina. La madre de Darío el Grande, Irdabama, está registrada como administradora de sus propiedades privadas, supervisando la compra y distribución de alimentos, y comandando a los oficiales de la corte. Incluso actuaba como

---

[50] Ester 1:1-8, Tanaj: Ketuvim: Libro de Ester.
[51] Ester 1:13-14.

suplente del rey en su ausencia. Viajaba por todo el reino con su séquito, a menudo independientemente del rey. Una ciudad de tiendas reales acompañaba al rey y a su familia en las campañas militares. En el centro del complejo de tiendas reales estaba la tienda del rey, orientada al este y rodeada por las tiendas de su madre, esposa e hijas. Sus hijos y otros parientes masculinos solían actuar como generales y acampaban con sus hombres.

Cuando Persia conquistaba nuevas regiones, el rey o un general de alto rango se quedaba un tiempo para establecer la nueva estructura administrativa y nombrar a los líderes del gobierno. El gobernador designado (sátrapa) podía ser el mismo líder que antes, o el rey podía elegir a uno de sus hijos o a un oficial favorecido al que quisiera honrar. Una vez que todo estaba en su sitio, el rey y sus militares se dirigían a su siguiente destino, dejando la gestión de la provincia (satrapía) al recién nombrado sátrapa. La vida cotidiana de los ciudadanos continuaba como antes.

Ciro el Grande tenía veintiséis satrapías bajo su gobierno centralizado, y Darío el Grande aumentó las satrapías a treinta y seis. El sátrapa o «protector de la provincia» era el máximo dirigente de una satrapía o región. El sátrapa local recaudaba los impuestos, actuaba como juez del «tribunal supremo» para los casos penales y civiles, mantenía los caminos en buen estado y a salvo de los bandidos, y nombraba y supervisaba a los funcionarios locales.

Un general militar que respondía ante el rey reclutaba y entrenaba un ejército local para la satrapía. Esta fuerza protegía la provincia y podía ser convocada por el rey para campañas militares. Un secretario de estado llevaba la cuenta de los registros y los asuntos administrativos e informaba tanto al sátrapa como al gobierno central. Una de sus funciones era supervisar la recaudación de impuestos y tributos. Aunque cada satrapía tenía un alto grado de autonomía, el «ojo del rey» enviaba a sus funcionarios encargados de recopilar información por todo el imperio para vigilar cualquier situación que se produjera.

La palabra persa antigua «dāta» significaba ley y se utilizaba para referirse a la inmutable «Ley de los medos y los persas»[52], la ley del rey para el imperio y la ley divina. Jerjes hablaba de la ley de la

---

[52] Ester 1:19 y Daniel 6:6-15, Tanaj: Ketuvim: Libro de Ester y Libro de Daniel.

deidad persa Ahura Mazda[53], y Artajerjes se refería a la «Ley del Dios del Cielo» hebrea[54]. Jerjes decía que la persona que obedecía tanto la ley del rey como la ley divina «se hace feliz mientras vive y es bendita cuando muere».

Los persas creían que el derecho del rey a gobernar y toda la autoridad legal estaban ordenados divinamente. A partir de Darío I, aparecieron referencias a la ley del rey en los registros babilónicos que documentaban el pago de impuestos y los juicios ante un juez que debía seguir la ley del rey. Darío introdujo un nuevo código legal basado en la ley persa que afectó a los sistemas legales y judiciales del imperio. Los decretos del rey tenían fuerza de ley[55].

El código legal aqueménida difería de los procedimientos judiciales anteriores de Oriente Medio. En la antigüedad, las personas podían ser declaradas culpables o inocentes basándose en el juramento de una persona o en un juicio por ordalía. Un ejemplo de prueba del Código de Hammurabi de la antigua Babilonia era que una mujer se arrojara al río si alguien la acusaba de adulterio. Si se ahogaba, era culpable, y si la mujer sobrevivía, era inocente. El juicio por ordalía para ciertos delitos estaba presente en los códigos legales antiguos. En cambio, la ley aqueménida exigía la presentación de pruebas racionales de culpabilidad o inocencia en el tribunal, como, por ejemplo, múltiples testigos. Otro cambio en el sistema legal fue que el testimonio de una mujer era ahora aceptado en los tribunales, lo que apuntaba a la mejora del estatus de las mujeres en la sociedad[56].

Un sistema de comunicación estelar era fundamental para mantener al gobierno central informado de los acontecimientos del imperio, que se extendía desde el subcontinente indio hasta el mar Egeo. El Camino Real, que abarcaba Asia Central y Occidental, facilitaba los movimientos militares y el comercio, además permitía el rápido servicio postal *pirradazish* persa. Una carta enviada desde Persia podía llegar a Sardes en siete días.

---

[53] Roland Kent, *Old Persian: Grammar, Texts, Lexicon* (New Haven: American Oriental Society, 1950), 151-2.
[54] Esdras 7:12-26, Tanaj: Ketuvim: Libro de Esdras.
[55] "Dāta", *Encyclopaedia Iranica*. Vol. VII, Fasc. 1 (2011): 114-15. https://www.iranicaonline.org/articles/data.
[56] "Achaemenid Judicial and Legal Systems", *Encyclopaedia Iranica*, Vol. XV, Fasc. 2 (2012): 174-77.

Más de cien estaciones de relevo a lo largo del camino permitían desconectar a los caballos y a los carteros. Herodoto quedó tan impresionado con el servicio postal persa que escribió las palabras que ahora están cinceladas en piedra sobre las puertas de la Oficina de Correos de la Octava Avenida de Nueva York: «Ni la nieve, ni la lluvia, ni el calor, ni la oscuridad de la noche impiden a estos valientes mensajeros completar rápidamente sus recorridos».

El Imperio aqueménida comprendía unas tres docenas de satrapías con diversas economías locales. Regiones como Jonia, Babilonia, Egipto y Fenicia tenían economías bastante desarrolladas y ricas, basadas en el comercio marítimo y fluvial y en siglos de civilización avanzada. Otras zonas estaban descentralizadas y surgían de la agricultura de subsistencia o de las comunidades de pastores. Las economías y poblaciones de algunas regiones habían sido devastadas por la sequía o las incesantes guerras.

En todo el imperio, la principal actividad económica era la agricultura, especialmente los cereales como la cebada o el trigo y las verduras y frutas como los pepinos, los guisantes, las manzanas y los dátiles. La uva se cultivaba para obtener vino, que era un producto económico popular. Persia, Media y el norte de Mesopotamia criaban mucho ganado, lo que proporcionaba productos lácteos que eran populares en todo el imperio. La pesca también era una actividad económica próspera.

Muchas de las regiones conquistadas por Persia ya contaban con un sistema de distribución de la tierra, en el que una parte era propiedad de la nobleza, otra de los templos y otra privada. Esta última se dividía a menudo en pequeñas parcelas de propiedad familiar y en plantaciones más extensas trabajadas por agricultores arrendatarios. Dos cambios que introdujeron los gobernantes aqueménidas fueron la medición precisa de las tierras y la redistribución de las mismas. Las tierras más productivas se repartieron entre el rey, la nobleza, los empresarios ricos y (en Egipto y Babilonia) los templos.

Las tierras asignadas al rey proporcionaban rebaños para la carne. También se cultivaban cereales y otros artículos consumidos por la familia real y su séquito. Algunas de las «tierras del rey» eran cultivadas por y para los militares. Parte del entrenamiento militar de los jóvenes adolescentes incluía habilidades agrícolas; los soldados cultivaban la tierra ellos mismos cuando no estaban en campañas militares o alquilaban las parcelas. Algunas de las propiedades del «rey» pertenecían a la reina, a los príncipes reales y a otros nobles como los sátrapas. Los registros contables documentaban las ovejas y el vino enviados a la reina y los pastores que pastoreaban los rebaños de la corona, que se contaban por miles. Los registros muestran que la esposa de Darío II, la reina Parisátide, poseía campos en la región de Nippur, en Babilonia, que alquilaba a una empresa familiar.

La corona también era propietaria de algunos talleres y empresas artesanales. Por ejemplo, Fenicia producía y exportaba cristalería y tinte púrpura. Los egipcios, babilonios y jonios producían ropa de algodón y lino. Los talleres propiedad de la corona producían bienes o servicios para la corte real y contaban con más de dieciséis mil trabajadores, entre ellos canteros, carpinteros, bodegueros, tejedores y otros especialistas.

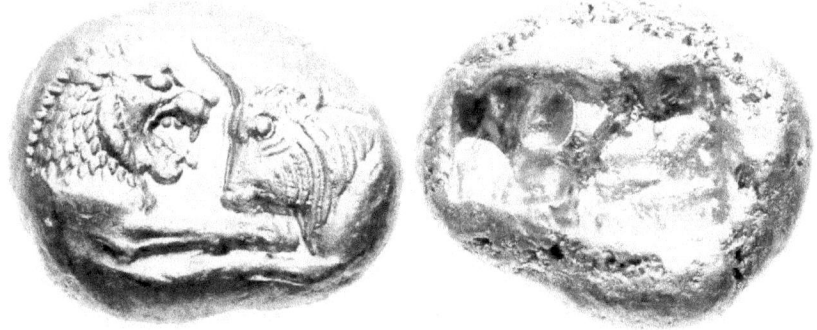

Sardes acuñó esta moneda de oro con forma de león y toro creseida hacia 561-546 a. C.
Classical Numismatic Group, Inc. http://www.cngcoins.com, CC BY-SA 3.0 <https://creativecommons.org/licenses/by-sa/3.0/>, vía Wikimedia Commons; https://commons.wikimedia.org/wiki/File:Kroisos_Circa_564-53-550-39_BC._AV_Stater_(16mm,_10.76_g)._Heavy_series._Sardes_mint.jpg

El mundo antiguo comenzó a utilizar monedas acuñadas de forma plana y redonda con un dibujo en una de sus caras aproximadamente un siglo antes del reinado de Ciro el Grande. Se originaron en Lidia, que acabó formando parte del Imperio aqueménida, pero la acuñación de monedas aún no se había extendido a Persia cuando Ciro subió al poder. En tiempos muy antiguos, los mesopotámicos utilizaban talentos, minas y siclos como moneda; no tenían forma de moneda, sino que eran piezas de plata u oro de un peso determinado. Los persas adoptaron esta moneda, pero siguieron utilizando su antiguo sistema de trueque.

Cuando Ciro conquistó Lidia y se hizo amigo de su rey, Creso (después de casi quemarlo hasta la muerte), decidió utilizar monedas en su imperio en el año 546 a. C. Adoptó la moneda lidia ya existente: el león y el toro de Creso, que se acuñaron en Sardes, Lidia (que se convirtió en la capital aqueménida para las satrapías occidentales). Sardes siguió acuñando las nuevas monedas del imperio, y este aceptó las monedas de Grecia como moneda legal y viceversa.

Hacia el 500 a. C., Darío el Grande introdujo una nueva moneda: el dárico de oro y el siclo de plata. En lugar del doble punzón del reverso de las monedas originales, utilizó un único punzón del reverso. Sustituyó el león y el toro por la imagen del rey, que corría con un arco y una lanza. Un dárico de oro, equivalente aproximadamente al siclo babilónico de 8,33 gramos, equivalía a 20 siclos de plata o 25 dracmas griegas.

Darío el Grande cambió la moneda a dáricos de oro como este con su imagen

Classical Numismatic Group, Inc. http://www.cngcoins.com, CC BY-SA 2.5 <https://creativecommons.org/licenses/by-sa/2.5>, vía Wikimedia Commons; https://commons.wikimedia.org/wiki/File:Daric_coin_of_the_Achaemenid_Empire_(Xerxes_II_to_Artaxerxes_II).jpg

Cuando sus ciudades-estado o países cayeron en manos del Imperio aqueménida, el cambio más drástico que experimentaron los pueblos fue tener que pagar tributo a Persia. Bajo Ciro el Grande y Cambises, los sátrapas pagaban tributo, generalmente en forma de regalos. Por lo general, se trataba de la especialidad de la zona, como metales preciosos, piedras preciosas, madera, telas, caballos o alimentos como pescado seco, frutos secos o grano. La cuantía del tributo dependía de la riqueza de la satrapía, de si eran persas o parientes de los persas y de si se rendían rápidamente u obligaban a Persia a un largo y costoso asedio.

Algunos sátrapas pagaban un impuesto en dinero en lugar o además de los «regalos». El pago en plata aumentó bajo Darío el Grande, que instituyó un sistema de impuestos estandarizado y coordinado en el año 519 a. C. Los impuestos se basaban en mediciones precisas de la tierra de cada satrapía, su fertilidad y lo que producía cada cosecha en un año medio. Los territorios de la periferia del imperio pagaban generalmente más en bienes que en plata. Curiosamente, aunque se utilizaban monedas de plata y oro, los sátrapas pagaban los impuestos con talentos de plata.

Las tres provincias asombrosamente ricas del subcontinente indio pagaban casi un tercio del tributo de todo el imperio: ocho toneladas de polvo de oro más elefantes, marfil y teca. La rica Babilonia tuvo que alimentar al ejército durante cuatro meses y pagar mil talentos de plata. Egipto, Libia, Cirene y Barca aportaban 120.000 medidas de grano y 700 talentos de plata. Las satrapías iraníes tenían impuestos relativamente bajos. Elam pagaba trescientos talentos, y Media cuatrocientos, pero también proporcionaban muchos hombres para el ejército, lo que parece ser un factor en la tasa de impuestos. Persia no pagaba impuestos, pero sí tributos, principalmente ovejas y otros animales.

Todo el Levante (Siria, Fenicia, Israel y Chipre) solo pagaba 350 talentos anuales, a pesar de la astronómica riqueza de Fenicia. Estos países se habían rendido casi inmediatamente a Ciro el Grande. Fenicia había sido un enorme activo en los asuntos navales del imperio, ya que construía constantemente barcos y los tripulaba. Las ricas ciudades-estado jónico-griegas solo pagaban cuatrocientos talentos al año por toda la zona. Tal vez los reyes persas no quisieran agitar el barco con la inestable zona, ya que los griegos estaban al otro lado del Egeo, listos y dispuestos a ayudar a sus parientes contra Persia. Los griegos jónicos también aportaron muchos hombres al ejército, especialmente a las tripulaciones navales. Las ciudades-estado de Anatolia tenían impuestos relativamente modestos; Frigia pagaba 360 talentos, y Lidia y Cilicia pagaban 500 talentos cada una.

Los relieves de Persépolis muestran a los ciudadanos del imperio presentando tributos al rey

Hansueli Krapf, CC BY-SA 3.0 <https://creativecommons.org/licenses/by-sa/3.0>, vía Wikimedia Commons; https://commons.wikimedia.org/wiki/File:Persepolis_24.11.2009_11-47-13.jpg

Algunas regiones vecinas que eran aliadas, pero no formaban parte del imperio enviaban tributos; por ejemplo, Arabia enviaba mil talentos de incienso anualmente. El Imperio aqueménida también cobraba aranceles comerciales, y los mercados de esclavos tenían que pagar impuestos por sus ventas. A diferencia del Imperio asirio, que desangraba a la población con altos impuestos, el sistema de impuestos y tributos aqueménida era sostenible. Las satrapías podían pagar la cantidad anual sin grandes sufrimientos. Sin embargo, las desastrosas guerras con Grecia vaciaron las arcas persas, y la realeza persa se volvió cada vez más fastuosa en su estilo de vida. Estos cambios supusieron un aumento de los impuestos para los ciudadanos, lo que provocó un aumento de las revueltas del pueblo descontento y la vulnerabilidad ante la invasión de Alejandro Magno.

Si ha disfrutado de este libro, le agradeceríamos que dejara una reseña en Amazon; significaría mucho para nosotros conocer su opinión.

Haga clic aquí para dejar una reseña en Amazon US

Haga clic aquí para dejar una reseña en Amazon UK

¡Gracias por su apoyo!

Conclusión

El legado del Imperio persa ha perdurado a lo largo de los milenios. El Imperio aqueménida desempeñó un papel decisivo en la historia de su época en Oriente Medio, Asia Central y la península de los Balcanes. Implantó con éxito un gobierno centralizado, con sátrapas que gozaban de un notable grado de autonomía local. Su capaz y eficiente sistema administrativo no tenía parangón en la historia del mundo hasta ese momento, y consiguió mantener la estabilidad y la paz en un imperio vasto y diverso. Desarrolló una infraestructura excepcional en todo Oriente Medio: una red de carreteras transimperial, canales que conectaban vías fluviales clave y un rápido sistema postal.

El Imperio aqueménida también gobernó un imperio multiétnico y multicultural que se adelantó a su tiempo al respetar todas las etnias y dar a todos los pueblos libertad de religión. Sus gobernantes incluso restauraron y reconstruyeron templos de diversas creencias. En cambio, los atenienses ejecutaron a Sócrates por «impiedad» porque decía que los dioses griegos estaban comprometidos moralmente y que los humanos solo podían tener una brújula moral con un dios racional y perfecto.

El Imperio aqueménida estableció una norma de administración política ordenada que Alejandro Magno adoptó. Incluso se podría decir que los persas dieron a los griegos y macedonios la idea de un imperio multicontinental y multicultural. Anteriormente, los griegos existían como ciudades-estado independientes y estaban constantemente en guerra entre sí. El Imperio aqueménida los obligó a unificarse para sobrevivir. Cuando Filipo II de Macedonia vio lo que una Grecia unificada podía hacer en defensa propia, concibió la idea de utilizarla para engullir al Imperio aqueménida.

La eficiente y eficaz burocracia del Imperio aqueménida influyó significativamente en sus sucesores de Oriente Medio, Macedonia, Grecia e Irán. Su polifacética herencia sobrevivió a lo largo de los sucesivos imperios seléucida, parto y sasánida. Tras la repentina muerte de Alejandro Magno en el 323 a. C., sus generales macedonios se repartieron el imperio. El general Seleuco se hizo primero con Babilonia y luego inició un despiadado programa de expansión que se apoderó de todo, desde Siria hasta Afganistán, formando el Imperio seleúcida en el proceso.

Seleuco continuó con la tolerancia aqueménida hacia todas las religiones y culturas. Sin embargo, el griego koiné se convirtió en la lengua franca, ya que la constante inmigración de griegos al imperio trajo consigo la cultura helenística y el surgimiento de una clase política dirigida por élites griegas. Sin embargo, los emigrantes macedonios y griegos también absorbieron las costumbres y tecnologías persas, formando una mezcla cultural greco-iraní que se adelantó en las ciencias, las matemáticas y las artes.

La estructura política del Imperio seléucida continuó el sistema aqueménida de un gobierno centralizado, con los sátrapas ejerciendo el poder sobre una administración descentralizada. Dejó a Irán a su suerte durante casi un siglo, con reyes persas que dirigían Persis (Persia propiamente dicha) y que pagaban tributo a sus señores seléucidas. Sin embargo, el gobernante seléucida Antíoco I (r. 281-261 a. C.) nombró a Andrágoras sátrapa de todo Irán. Probablemente era étnicamente iraní, pero los persas y otros iraníes se resintieron por la pérdida de autonomía.

Las tribus partas del noreste de Irán se rebelaron contra los seléucidas en el año 247 a. C. Su creciente poder, unido a las luchas del Imperio seléucida con Roma, Armenia y Egipto, acabaron provocando el colapso del imperio. Bajo el nuevo Imperio parto, los persas y otras tribus iraníes gozaban de autonomía local como reinos vasallos, pagando tributo a los reyes partos, que se proclamaban herederos del Imperio aqueménida. Los reyes partos mantuvieron el sistema de satrapía con estados fuera de Irán.

El rey Ardashir I de Persis venció a los partos y estableció el Imperio sasánida en el año 224 de la era cristiana. Gobernó durante cuatro siglos, restaurando el dominio persa sobre gran parte del territorio anterior del Imperio aqueménida, desde el Mediterráneo hasta Pakistán. Al igual que los gobernantes aqueménidas, los sasánidas toleraban todos los credos y culturas; sin embargo, elevaron intencionadamente la cultura persa por encima de la griega. También tenían un gobierno centralizado con una administración descentralizada de los distritos shahr, que eran como las satrapías anteriores.

Cuando el Imperio sasánida cayó en manos de los árabes islámicos en el año 651 de la era cristiana, su elevado nivel de Estado y sus tradiciones administrativas, así como su herencia cultural, pasaron a los califatos islámicos. Los imperios otomano y safávida adoptaron los principios organizativos del Imperio aqueménida. Su influencia aún puede verse en los gobiernos actuales de Oriente Medio. Persia siguió siendo una importante potencia de Oriente Medio hasta su declive en el siglo XIX y recientemente ha recuperado su ascendencia regional. El resistente Estado iraní, que ha superado los continuos retos sociales, económicos y políticos, ha ampliado su influencia regional.

Ciro el Grande y el Imperio aqueménida siguen siendo los más importantes para los iraníes de hoy. Antes del Imperio aqueménida, las tribus iraníes eran vulnerables a la opresión de las potencias extranjeras. Ciro preservó la libertad y la identidad cultural de los persas y convirtió su tierra en el mayor imperio jamás visto. Los iraníes de hoy lo consideran el padre de su pueblo y el fundador del primer estado unificado de Irán. Recuerdan la historia de Ciro y el gran Imperio aqueménida con extraordinario orgullo.

Los iraníes consideran a Ciro un héroe, un líder simpático y un modelo de gobierno benévolo. Fue un hombre adelantado a su tiempo. No es de extrañar que una iniciativa de paz propuesta entre Irán e Israel en 2021 recibiera el nombre de Acuerdos de Ciro. Celebraba el vínculo de amistad que se remonta a cuando Ciro liberó a Israel del cautiverio babilónico en el año 538 a. C.[57].

---

[57] Karmel Melamed, "Cyrus Accords' Old Seeds of Peace: Iran & Israel's Forgotten Friendship", *The Times of Israel*, 4 de abril de 2021. https://blogs.timesofisrael.com/cyrus-accords-old-seeds-of-peace-iran-israels-forgotten-friendship/.

En las dos últimas décadas ha surgido una tradición espontánea. Miles de persas se reúnen en la tumba de Ciro el Grande para honrarlo en el «Día de Ciro el Grande». La fiesta no oficial cae en el séptimo día de Abán, el día de octubre en que Babilonia cayó ante Ciro. En una reunión reciente, mientras las hordas de personas rompían a cantar con frecuencia, un asistente explicó el sentimiento de la multitud. «Rendimos homenaje a un rey que respetaba a la gente en todas partes, sin importar su origen religioso o étnico»[58].

---

[58] Alijani Ershad, "Thousands in Iran use King's Anniversary to Protest against Ruling Regime", *France 24: The Observers*, 11 de abril de 2016. https://observers.france24.com/en/20161103-iran-cyrus-king-regime-protest.

Vea más libros escritos por Enthralling History

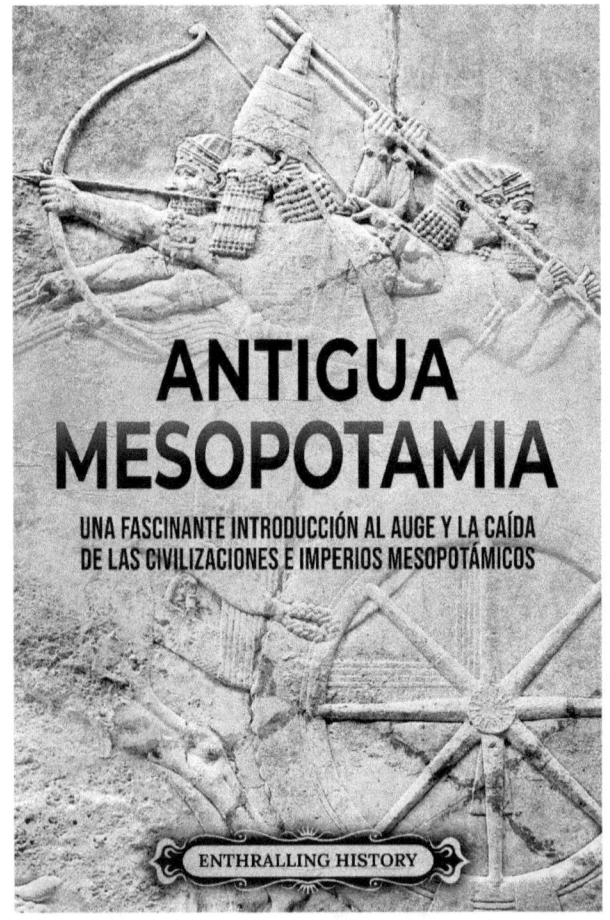

Bibliografía

"Achaemenid Judicial and Legal Systems". *Encyclopaedia Iranica.* Vol. XV, Fasc. 2 (2012): 174-177.

Anderson, Steven D., and Rodger C. Young. "The Remembrance of Daniel's Darius the Mede in Berossus and Harpocration". *Bibliotheca Sacra* 173 (Julio-septiembre 2016): 315-23.

Arrian. *Alexander the Great: The Anabasis and the Indica.* Translated by Martin Hammond. Oxford: Oxford University Press, 2013.

"Artaxerxes III". *Encyclopaedia Iranica.* Vol. II, Fasc. 6 (2011): 658-59.

Austin, M. M. "Greek Tyrants and the Persians, 546-479 B. C.". *The Classical Quarterly* 40, no. 2 (1990): 289-306. Consultado el 6 de septiembre de 2021. http://www.jstor.org/stable/639090.

Badian, E. "Darius III". *Harvard Studies in Classical Philology* 100 (2000): 241-67. https://doi.org/10.2307/3185218.

Bahadori, Ali and Negin Miri. "The So-called Achaemenid Capitals and the Problem of Royal Court Residence". *Iran*, (2021) DOI: 10.1080/05786967.2021.1960881.

Beaulieu, Paul-Alain. "Nabonidus the Mad King: A Reconsideration of His Steles from Harran and Babylon". In *Representations of Political Power*, edited by Marlies Heinz and Marian H. Feldman, 137-167. Winona Lake: Eisenbrauns, 2007.

Beaulieu, Paul-Alain. *Reign of Nabonidus, King of Babylon (556-539 BC).* New Haven: Yale University Press, 1989.

Bennett, Bob, and Mike Roberts. *The Wars of Alexander's Successors, 323-281 BC (Commanders and Campaigns Book 1).* South Yorkshire: Pen & Sword Military, 2013.

Bennett, Bob, and Mike Roberts. *The Wars of Alexander's Successors 323 - 281 BC. Volume 2: Battles and Tactics.* South Yorkshire: Pen & Sword Military, 2009.

Bertman, Stephen. *Handbook to Life in Ancient Mesopotamia.* Oxford: Oxford University Press, 2005.

Brosius, Maria. *A History of Ancient Persia: The Achaemenid Empire.* Hoboken, NJ: Wiley Blackwell, 2020.

Carter, R., and Graham Philip, eds. *Beyond the Ubaid: Transformation and Integration in the Late Prehistoric Societies of the Middle East.* Chicago: The Oriental Institute, University of Chicago, 2010.

Charles, Michael B. "Achaemenid Elite Cavalry: From Xerxes to Darius III". *The Classical Quarterly* 65, no. 1 (2015): 14-34. http://www.jstor.org/stable/43905638.

Chavalas, M. W., ed. *The Ancient Near East: Historical Sources in Translation.* Malden, MA: Blackwell Publishing, 2006.

Clark, Peter. *Zoroastrianism: An Introduction to an Ancient Faith (Beliefs & Practices).* East Sussex: Sussex Academic Press, 1998.

Cyrus Cylinder. Translated by Irving Finkel. The British Museum. https://www.britishmuseum.org/collection/object/W_1880-0617-1941.

Darius I. *The Behistun Inscription.* Livius. https://www.livius.org/articles/place/behistun/behistun-3/.

Da Riva, Rocío. "The Figure of Nabopolassar in Late Achaemenid and Hellenistic Historiographic Tradition: BM 34793 and CUA 90". *Journal of Near Eastern Studies* 76, no.1. https://www.journals.uchicago.edu/doi/full/10.1086/690464.

"Dāta". *Encyclopaedia Iranica.* Vol. VII, Fasc. 1 (2011): 114-115. https://www.iranicaonline.org/articles/data.

De Graef, Katrien. "Dual Power in Susa: Chronicle of a Transitional Period from Ur III via Šimaški to the Sukkalmaḫs". *Bulletin of the School of Oriental and African Studies, University of London* 75, no. 3 (2012): 525-46. http://www.jstor.org/stable/41811207.

Enthralling History. *Ancient Mesopotamia: An Enthralling Overview of Mesopotamian History,*

Starting from Eridu through the Sumerians, Akkadian Empire, Assyrians, Hittites, and Persians to Alexander the Great. Coppell, Texas: Joelan AB, 2022.

Ershad, Alijani. "Thousands in Iran use King's Anniversary to Protest against Ruling Regime". *France 24: The Observers.* 11 de abril de 2016. https://observers.france24.com/en/20161103-iran-cyrus-king-regime-protest.

Grayson, A. K. *Assyrian Rulers of the Early First Millennium BC II (858-745 BC)* (Royal Inscriptions of Mesopotamia. Assyrian Periods. Volume 3), Toronto: University of Toronto Press, 1996.

Herodotus. *Capture of Babylon.* Livius.

Herodotus, *The Histories.* Translated by George Rawlinson. New York: Dutton & Co, 1862. http://classics.mit.edu/Herodotus/history.html.

Josephus, Flavius. *Antiquities of the Jews.* Translated by William Whiston. Project Gutenberg. https://www.gutenberg.org/files/2848/2848-h/2848-h.htm

Kent, Roland. *Old Persian: Grammar, Texts, Lexicon.* New Haven: American Oriental Society, 1950.

Kerrigan, Michael. *The Ancients in Their Own Words.* London: Amber Books, 2019.

Kuhrt, Amélie. *The Persian Empire: A Corpus of Sources from the Achaemenid Period.* London: Routledge, 2007.

Lorenzi, Rossella. "Vanished Persian Army Said Found in Desert". *NBC News: Science News,* November 9, 2009. https://www.nbcnews.com/id/wbna33791672.

Mark, Joshua J. "Behistun Inscription". *World History Encyclopedia.* https://www.worldhistory.org/Behistun_Inscription/.

Mark, Joshua J. "The Battle of Pelusium: A Victory Decided by Cats". *World History Encyclopedia.* https://www.worldhistory.org/article/43/the-battle-of-pelusium-a-victory-decided-by-cats/.

Melamed, Karmel. "Cyrus Accords' Old Seeds of Peace: Iran & Israel's Forgotten Friendship". *The Times of Israel.* 4 de abril de 2021. https://blogs.timesofisrael.com/cyrus-accords-old-seeds-of-peace-iran-israels-forgotten-friendship/.

Mildenberg, Leo. "Artaxerxes III Ochus (358 – 338 B.C.). A Note on the Maligned King". *Zeitschrift Des Deutschen Palästina-Vereins (1953-)* 115, no. 2 (1999): 201–27. http://www.jstor.org/stable/27931620.

Nemet-Nejat, Karen Rhea. *Daily Life in Ancient Mesopotamia.* Westport, Connecticut: Greenwood Press, 1998.

Photius' Excerpt of Ctesias' Persica. Livius. https://www.livius.org/sources/content/ctesias-overview-of-the-works/photius-excerpt-of-ctesias-persica/#34.

Plutarch, *The Parallel Lives: The Life of Artaxerxes*. The Loeb Classical Library edition. https://penelope.uchicago.edu/Thayer/E/Roman/Texts/Plutarch/Lives/Artaxerxes*.html.

Pollock, Susan. *Ancient Mesopotamia*. Cambridge: Cambridge University Press, 1999.

Polyaenus. *Stratagems: Book Seven*. Translated by R. Shepherd (1793). http://www.attalus.org/translate/polyaenus7.html

Postgate, Nicholas. *Early Mesopotamia: Society and Economy at the Dawn of History*. Oxfordshire: Routledge, 1994.

Prayer of Nabonidus (4Q242). Livius. https://www.livius.org/sources/content/dss/4q242-prayer-of-nabonidus/

Reade, J. E. "Kassites and Assyrians in Iran". *Iran* 16 (1978): 137-43. https://www.jstor.org/stable/4299653?origin=crossref

Sackrider, Scott. "The History of Astronomy in Ancient Mesopotamia". *The NEKAAL Observer* 234. https://nekaal.org/observer/ar/ObserverArticle234.pdf

Shenkar, Michael. "Temple Architecture in the Iranian World before the Macedonian Conquest". *Iran & the Caucasus* 11, no. 2 (2007): 169-94. http://www.jstor.org/stable/25597331.

Siculus, Diodorus. *Library of History*. Volume II. Loeb Classical Library Edition. https://penelope.uchicago.edu/Thayer/E/Roman/Texts/Diodorus_Siculus/16C*.html

Stol, Marten. "Women in Mesopotamia". *Journal of the Economic and Social History of the Orient* 38, no. 2 (1995): 123-44. http://www.jstor.org/stable/3632512.

Teall, Emily K. "Medicine and Doctoring in Ancient Mesopotamia". *Grand Valley Journal of History* 3:1 (2014), Article 2. https://scholarworks.gvsu.edu/gvjh/vol3/iss1/2

The Chronicle Concerning the Reign of Nabonidus (ABC 7). Livius, 2020. https://www.livius.org/sources/content/mesopotamian-chronicles-content/abc-7-nabonidus-chronicle/

The Tanakh: Full Text. Jewish Virtual Library: A Project of AICE. 1997. https://www.jewishvirtuallibrary.org/the-tanakh-full-text

Thucydides, *The War of the Peloponnesians, and the Athenians*. Translated by Jeremy Mynott. Cambridge: Cambridge University Press, 2013.

Van De Mieroop, Marc. *A History of the Ancient Near East ca. 3000 - 323 BC.* Hoboken: Blackwell Publishing, 2006.

Verse Account of Nabonidus. Translated by A. Leo Oppenheim. Livius. https://www.livius.org/sources/content/anet/verse-account-of-nabonidus/

Waters, Matt. *Ancient Persia: A Concise History of the Achaemenid Empire, 550-330 BCE.* New York: Cambridge University Press, 2014.

Weiershäuser, Frauke, and Jamie Novotny. *The Royal Inscriptions of Amēl-Marduk (561-560 BC), Neriglissar (559-556 BC), and Nabonidus (555-539 BC), Kings of Babylon* (PDF). Winona Lake: Eisenbrauns, 2020.

Worthington, Ian. *By the Spear: Philip II, Alexander the Great, and the Rise and Fall of the Macedonian Empire (Ancient Warfare and Civilization).* Oxford: Oxford University Press, 2016.

Xenophon. *Cyropaedia: The Education of Cyrus.* Translated by Henry Graham Dakyns. Project Gutenberg eBook. https://www.gutenberg.org/files/2085/2085-h/2085-h.htm

Xenophon. *The Landmark Xenophon's Hellenika.* Translated by John Marincola. New York: Anchor, 2010.

Zarghamee, Reza. *Discovering Cyrus: The Persian Conqueror Astride the Ancient World.* Washington, DC: Mage Publishers, 2018.

www.ingramcontent.com/pod-product-compliance
Lightning Source LLC
LaVergne TN
LVHW020354090426
835511LV00041B/3049